나도 모르게 쓰는
차별의 언어

왜요,
그 말이
어때서요?

왜요, 그 말이 어때서요?

나도 모르게 쓰는 차별의 언어

초판 1쇄 펴낸날	2019년 10월 2일
초판 15쇄 펴낸날	2024년 9월 20일
개정증보판 1쇄 펴낸날	2025년 9월 12일

지은이 김청연	**편집** 김현정 김혜윤 이심지 이정신 이지원 홍주은	
펴낸이 이건복	**디자인** 김태호	
펴낸곳 도서출판 동녘	**마케팅** 임세현	
	관리 서숙희 이주원	

만든 사람들
편집 이지원   **디자인** 스튜디오 헤이,덕

인쇄·제본 영신사   **라미네이팅** 북웨어   **종이** 한서지업사

등록 제311-1980-01호 1980년 3월 25일
주소 (10881) 경기도 파주시 회동길 77-26
전화 영업 031-955-3000 **편집** 031-955-3005 **팩스** 031-955-3009
홈페이지 www.dongnyok.com **전자우편** editor@dongnyok.com
페이스북·인스타그램 @dongnyokpub

• 잘못 만들어진 책은 구입처에서 바꿔 드립니다.
• 책값은 뒤표지에 쓰여 있습니다.

나도 모르게 쓰는
차별의 언어

왜요,
그 말이
어때서요?

김청연 지음

개정
★ ★ ★
증보판

동녘

익숙한 '그 말'이
왜 문제가 되는 걸까?

'지잡대야?' '어휴. 저 틀딱들…….' '또 맘충이냐?' 2017년 경. 온라인에서 낯선 표현들이 보이기 시작했어. 그땐 가볍게 '무슨 의미지?' 하고 넘겼는데 얼마 후 이런 표현들이 일상적으로 점점 많이 쓰이고 있음을 알게 됐지. 호기심이 많았던 나는 이 말들의 근원, 배경을 찾아 나섰어. '무슨 의미지?'에서 '왜 저런 표현을 쓸까?' '어디서 온 표현일까?' '저 표현은 누구에게, 어떤 영향을 줄까?' 꼬리에 꼬리를 물며 이어진 질문들이 이 책의 시작점이 됐어. 그렇게 우리가 일상에서 우리도 모르게 쓰는 차별, 혐오 표현에 대해 그것이 '왜' 문제인지 살펴본 《왜요, 그 말이 어때서요?》가 세상에 태어났어.

책을 쓰며 내 말과 행동을 곱씹고, 나도 다른 이를 헤아리지 못하고 무심코 잘못된 말을 썼다는 걸 깨닫는 과정도 있었어. "넌 대학 어디? 학번은?" 고등학교를 졸업하고 바로 취업을 준비하던 절친이 내 지인과의 만남에서 이런 질문을 받았을 때 나는 친구 입장을 깊이 살피지 못했어. 다수가 대학에 진학한다지만, 내 친구처럼 각자 상황에 따라 대학 진학을 선택하지 않은 이도 있을 수 있고, 그런 이에게 이런 질문이 불편할 수 있음을, 개인의 능력이나 자질보단 출신 대학으로 사람을 평가하는 '학벌주의 사회'에서 출신 대학과 학번에 관한 질문이 누군가에겐 불편할 수도 있음을. 또한, '절름발이 정책'이란 표현이 장애 차별적이라는 걸 모르고 아무렇지 않게 쓰기도 했어.

책을 통해 단순히 "이런 표현은 쓰지 마세요!"라고 말하고 싶진 않아. 표현의 뜻과 등장 배경, 그 표현을 쓸 때의 여러 맥락 등을 다층적으로 짚어 보며 우리가 얼마나 틀에 박힌 편견과 고정 관념에 둘러싸여 있는지, '우리'라는 이름으로 제멋대로 기준을 만들어 두고 그 기준에서 벗어난 이들을 향해 벽을 치는지 독자들과 얘기를 나누고 싶었지.

그런 생각으로 표현들의 의미와 배경 그리고 그 영향을 집요하게 추적해 봤어. 자료 수집을 한 다음 '재미도 있고, 의미도 있는' 책을 완성하려고 썼다가 지우기를 반복했어. 감사하게도 많은 독자들이 이 책의 문제의식에 공감하고, 함께 고민해 보겠다는 의견을 전해 줬어.

"그 말이 왜 차별, 혐오 표현인지 이제야 알았어요. 앞으로 말과 행동을 잘 살피는 사람이 되고 싶어요."
"책을 읽고 차별 표현을 대체할 만한 말을 진지하게 생각해 봤어요!"

《왜요, 그 말이 어때서요?》가 세상에 나온 지 6년. 개정증보판을 준비하며 초판에서 수정, 보완할 내용을 다듬어 봤어. 그리고 초판이 나온 후 우리 사회에서 무슨 일들이 있었는지도 돌아봤어. 정말 많은 일이 일어났더라고. 전례 없는 감염병이 돌았고, 각종 사회적 참사가 일어났어. 사람들 사이에 이런저런 다툼이 벌어지기도 했고, 사회 불평등이 심해졌다는 뉴스도 많이 나왔어. 그 틈을 타고 사람들 사이에선 누군가를 구석으로 밀어내는 말, 칼이 되는 표현들이 또 얼굴을 내민 게 보였어. 사건의 피해자를 편견의 굴레에 가두는 말, 질병을 앓거나 사건 사고의 피해자가 된 이의 아픔을 아주 가벼운 것으로 만들거나 그를 왜곡된 시선으로 바라보는 말……. 고민을 거듭하다가 이렇게 누군가의 아픔에 둔감해진 우리를 비춰 주는 언어들을 살펴보는 챕터인 '5장'을 더해 봤어. '5장'을 통해 우리가 일상에서 무심코, 우스갯소리로 쓰는 표현이 누구를 향한 것이고 어떤 영향을 끼칠 수 있는지를 살펴봤으면 해.

"작가님 돈 많이 벌어요? 부자예요?" "집 넓어요?" 작가와의 만남에서 가끔 이런 질문을 받곤 해. 왜 이런 질문이 나올까? 우리가 많이 접하는 미디어에서 돈을 많이 벌어야, 큰 집을 소유해야 멋진 것처럼 말하니 그런 거 아닐까. 개정증보판을 준비하며 물리적으로 사는 집에 관한 관심만큼 생각의 집, 생각을 담는 언어의 집을 살피는 우리가 되면 좋겠다는 생각을 많이 했어. 그러다 책의 초판에서도 썼던 철학자 하이데거의 문장을

맞아. 끄덕끄덕

다시 적어 보고 싶어졌어.

"언어는 존재의 집이다."

더 많은 독자가, 아무렇지 않게 쓰던 '그 말' 앞에 "왜요?"라는 질문을 던져 보며 자신의 '존재의 집'을 살피고, 잘 가꾸게 되면 좋겠어. 그 집이 참 너른 집이어서 다양한 이들을 초대해 함께 대화하고, 공감하고, 서로 고민을 나누게 되면 참 좋겠어.

그럼, 우리 '존재의 집'을 살피는 여정을 함께 떠나 볼까? 익숙한 그 말이 왜 문제인지 알아보는 여행에 여러분을 초대할게!

차례

1장

한 끗 차이로 생겨나는
차별의 언어

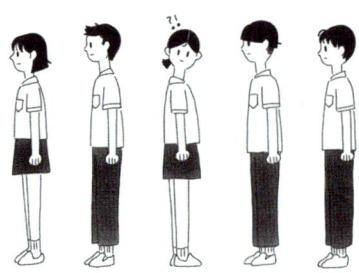

2장

오해와 이해 사이에 멈춰 서서

3장

이상한 정상 이름을 찾아서

🗨 **이런 말은 아파요!** 성에 대한 편견이 담긴 말

4장

세상의 중심은 이미
정해져 있을까?

동그라미 속 숨은 차별어들이 뭔지 궁금해서
못 참겠다면, 먼저 176쪽을 찾아보고
책을 읽어도 좋아!

한 끗 차이로 생겨나는 차별의 언어

그냥, 부르기 편해서, 재미있어서……. 왜 그런 표현을 쓰는지
물어보면 논리적인 이유가 없는 경우가 많아. 이렇게 별생각 없이
던진 표현들의 칼날이 내 친구, 가족에게도 향할 수 있다고
생각해 봐. 기분이 좋지 않지? 어쩌면 농담과 상처는
한 끗 차이에서 생겨나는 건지도 몰라.

○○○를
하교 시간인가 봐

마을 ③

바글바글

마을 버스에 사람이 왜 이렇게 많아?!

시간대가 그렇잖아. 급식충들 하교하는 시간.

어휴, 목소리는 왜 저렇게 커? 땀 냄새도 많이 나는 거 같아.

야!!

야, 너야말로 좀 조용히 해. 요즘 급식충들 얼마나 무서운데. 함부로 뭐라고 했다간 해코지당할 수도 있어.

솔직히 급식도 공짜로 먹는 주제에 뭐가 저리 당당한지 짜증 나.

속닥ㅡ

'어떤 벌레'로 분류되는 사람들

청소년이 하교하는 시간대 버스를 탄 두 청년의 대화야. 따로 설명하지 않아도 알겠지만 두 사람의 대화 속에는 청소년들을 비하하는 단어가 있지. 맞아! '급식충'이라는 말. 급식충이라는 단어뿐 아니라 다른 불편한 표현도 많이 보이지. "요즘 급식충들 얼마나 무서운데!" "뭐라고 했다간 큰일 당할 수 있어." "땀 냄새도 많이 나는 것 같아." 등이 그럴 거야.

'급식충'은 '급식'에 '벌레 충(蟲)' 자를 붙인 말로, 풀어 보면 '급식을 먹는 벌레'라는 뜻이야. 급식을 먹는 중·고등학생들을 비하하는 말로 알려져 있지.

언제부터인가 우리나라에서는 특정 집단이나 사람을 부를 때 벌레라는 뜻의 충(蟲) 자를 붙이는 일이 많아졌어. 사람을 벌레에 빗대 극도의 혐오와 경멸을 드러내는 거지. 그런데 학교에서 먹는 급식에 벌레라는 말을 붙인 이유는 뭘까?

사실 급식을 먹는 사람들은 중·고등학생들 말고도 많아. 군인이 대표적이지. 직장인들 중에서도 급식을 먹는 이들이 있어. 그럼에도 청소년에게만 급식이라는 단어를 붙여 비하 표현을 쓰는 것에 중·고교생, 즉 청소년을 유독 낮춰 보는 우리 사회 특유의 시선이 담겨 있다고 보는 사람들도 있어.

"애들은 밥만 잘 먹이면 아무 소리 안 해."

혹시 이런 말 들어 본 적 있어? 아이들을 두고 어른들이 자주 하는 말이지. 얼핏 '뭐 그런가 보다.' 하고 넘어갈 수도 있을 거야. 그런데 곰곰 생각해 보면 "먹거리 문제만 해결해 주면 모든 불만이 해결될 정도로 아이들은 단순하고, 미성숙하다."는 시선이 담겨 있는 게 아닌가 싶기도 해. 이런 관점에서 보면 '급식충'은 '먹을 것만 밝히는 단순하고 미성숙한 벌레들'이 되는 셈이야.

공짜로 국가 혜택을 누린다는 시선

사실 먹는 행위는 인간의 가장 본능적인 행위 중 하나잖아. 그런 행위와 관련이 있는 급식이라는 단어에 벌레라는 말을 붙이고는, '생각 없이 밥만 먹는 것들'이라는 의미를 극대화한 것이 바로 급식충이라고 말하는 이들도 있어.

표현 방법이 조금씩 다를 뿐 예전에도 청소년을 낮춰 보는 듯한 시선이 담긴 발언은 많이 있었어. 옛날 영화나 드라마를 보면 "공부도 못하면서 쌀이나 축내는 것들." "오로지 밥 먹을 시간만 생각하고 사는 애들." 등 청소년을 먹는 것과 연결 지어 비하하는 말을 적지 않게 들을 수 있었어.

만화 속 대화에서 "급식도 공짜로 먹는 주제에." "뭐가 저리 당당한지."라는 말도 많이 거슬리지? 우리나라 거의 대부분 지역의 초·중·고교 공립학교에서는 무상 급식을 실시하고 있잖아. 무상 급식이란, 세금을 재원으로 학생들에게 무상으로 급식을 제공하는 걸 뜻하는 말이지. 지난 2010년 교육감 선거에서 한 교육감 후보가 무상 급식을 시행하겠다는 공약을 내걸면서 무상 급식이 화제가 됐어. 이 후보자의 반대 진영에서는 무상 급식 정책에 대해 '포퓰리즘'이라고 비판했지.

포퓰리즘이란, 대중의 인기에 영합하는 정치 행태를 뜻하는 말이야. 결국 '세금으로 모든 아이들에게 밥을 공짜로 줘야 하느냐, 마느냐.'라는 논쟁이 뜨거워졌지. 그리고 그 과정에서 청소년을 보며 '세금 축내는 아이들'이라고 손가락질하는 이들도 있었다고 해. "급식도 공짜로 먹는 주제에."라는 표현에도 그런 맥락이 담겼다고 볼 수 있을 거야.

'무상'이라는 단어에 '공짜'라는 의미가 있는 탓에 '무상 급식'이 마치 누군가의 시혜로 주어지는 급식처럼 여겨질 수도 있을 거야. 하지만 이는 학생들의 각 가정은 물론이고 우리 사회가 공동체를 관리·운영하자는 의미로 낸 세금에서 비롯된 것이지. 그런 뜻에서 '공짜 밥' 이미지가 강한 '무상 급식'을 '보편 급식' 등으로 바꿔 부르자고 말하는 이들도 있어.

'어리다고 놀리지 말아요~'라는 가요 가사가 있지. "청소년이라고 놀리거나 비하하지 마세요."라고 하면 "아이쿠, 귀여워라~!"라며 대수롭지 않게 웃어넘기는 사람들도 많을 거야. 최근에는 이런 태도를 비판하며 청소년을 정중하게 대하는 어른들도 많아졌어. 다짜고짜 청소년을 "야!" 하고 부르는 게 아니라 "○○ 님" 또는 "○○ 학생"이라고 부르는 식으로 말이야. 뭔가 낯간지럽다고? 청소년을 낮춰 보는 데 익숙해져서 그런 건 아니고?

단순한 재미와 장난으로 여길 수 있을까

급식충 이야기를 시작했으니 충(蟲)이라는 접미사가 붙은 혐오 표현에 대해 좀 더 알아볼까? 그 전에 우리가 벌레를 봤을 때 보통 어떻게 반응하는지 한번 생각해 보자.

바퀴벌레 한 마리가 눈앞에 나타났다고 쳐 봐. 대다수 사람들이 "더러워." "징그러워." "빨리 밟아서 죽였으면 좋겠어." 같은 반응을 보일걸. 사람을 칭하는 말에 벌레란 의미의 충(蟲)

을 붙인다는 건 그만큼 상대를 싫어하고, 경멸하고, 혐오한다는 뜻이라고 봐도 될 것 같아.

충(蟲)이 접미사로 붙은 표현은 온라인상에서 먼저 쓰이다가 일상생활에까지 널리 퍼지게 되었어. 생각이 깊지 않거나 유치한 말을 한다고 '무뇌충', 노인을 비하하는 의미로 나온 '틀딱충' '연금충' 등이 대표적인 표현이지. 그 밖에 진지하다는 이유로 '진지충', 딱히 설명할 필요가 없는 내용까지 설명하는 사람을 지칭하는 '설명충'도 신조어로 등장했어.

맘충은 '엄마'를 뜻하는 '맘(mom)'에 '벌레 충(蟲)'을 붙인 말로 카페, 음식점 등 각종 공공장소에서 자녀가 다른 이들에게 과도하게 민폐를 끼치는데도 방치하거나 양육과 관련해 개념 없는 행동을 하는 엄마를 일컫는 표현으로 쓰여 왔어. 공공장소에서 기저귀를 제대로 처리하지 않고 가는 등 일부 양육자의 사례가 알려지며 이 표현이 널리 쓰이게 됐지. 맘충과 함께 등장한 현상 중 하나가 바로 '노키즈존'이야. 앞서 말한 에티켓 없이 행동하는 몇몇 아이와 양육자 사례가 미디어에 오르내리면서 '아이를 데리고 오면 이 장소에 들어올 수 없어요!'라는 의미의 '노키즈존(NO KIDS ZONE)' 푯말을 붙이는 영업 시설이 늘어났지. 사실 맘충이란 표현과 함께 등장한 노키즈존 현상을 보면 '아이들은 시끄럽고 성가신 존재이기 때문에 분명히 다른 손님들에게 피해를 줄 것이다.'라는 생각이 보이기도 해. 조용히 차를 마시고 식사를 하고 싶어 카페나 음식점에 갔는데 다른 테이블에서 시끌벅적 떠드는 아이들 탓에 그 시간을 제대로 즐기지 못했다면 당연히 기분이 좋지 않겠지.

하지만 유독 아이들만이 시끌벅적 떠들어 댈 거라고 생각하는 것도 편견일 수 있어. 어른들 중에도 주변 사람들 생각은 안 하고 시끄럽게 떠들고 웃으며 대화하는 이들이 있으니까. 만약 남에게 피해가 갈 정도로 떠들어 대는 아이가 있고, 보호자가 그 아이에게 신경을 쓰지 않는다면 그때 주의를 줘도 될 텐데 무조건 아이들이라는 이유로 특정 공간에 못 들어가게 하는 것도 좀 이상하지.

손님을 받고, 안 받고는 주인 마음이기 때문에 뭐라고 할 일은 아니겠지만 노키즈존, 맘충 같은 단어를 보고 있으면 마음 한편이 씁쓸해지는 게 사실이야. 일부러 아이를 방치하거나 아이가 남에게 피해를 주도록 놔두는 보호자는 극소수에 불과할 텐데, 그중에서도 엄마만을 콕 집어 '벌레'라 칭하는 상황이 된 거니까 우리 사회가 얼마나 차별적인지 실감하게 되지.

사실 영·유아기 아이들은 누구나 먹을 때 잘 흘리고, 칭얼대기도 잘하지. 그래서 누군가의 보살핌이 필요하잖아. 그렇다고 공공장소에서 아이의 무례한 행동으로 다른 사람들이 큰 피해를 입을 상황이 됐는데도 참고 넘어가자는 말은 아니야. 아이가 정말 시끄럽게 울고 떠드는데도 보호자가 가만히 보고만 있었다면 분명히 지적을 받아야겠지. 다만, 영·유아기 아이들이기에 가질 수밖에 없는 특성 그리고 아이 기르는 이들의 마음을 헤아리는 분위기가 우리 사회에 필요하지 않을까 싶어. 그리고 사람이라면 누구나 보살핌이 필요한 시절을 지나왔다는 사실을 생각해 보면 좋을 것 같아.

한 취업포털 사이트가 지난 2017년 직장인 854명을 대상으로 '신조어 사용 현황'에 대한 설문 조사를 실시한 결과를 보면, 응답자 중 59.7퍼센트가 '불쾌하게 느껴지는 신조어가 있다.'고 답했고, 그중 56.5퍼센트가 '○○충'을 꼽았다고 해. 혹시 '충(蟲)'이 들어간 접미사를 자주 쓰면서도 그 안에 이렇게 경멸과 혐오의 의미가 있는 줄 몰랐다고 말하는 사람이 있을지 모르겠어. 솔직히 그냥 남들 쓰니까, 장난으로, 재미있어 보여서 이런 말을 쓴 친구들도 있을 거라고 봐. 하지만 우리가 바퀴벌레를 볼 때 마음 상태를 생각해 보면 충(蟲)이라는 접미사를 붙인 표현이 왜 그렇게 문제가 되는지 그 이유를 확실히 알겠지?

거기, ○○○ 나와

우리 딸, 학교 잘 다녀왔어?
표정이 왜 그래?
친구들하고 싸웠니?

시무룩...

응, 엄마,
오늘......학교에서
정말 기분 나쁜 일 있었어.

무슨 일인데?

선생님이 갑자기 나를 가리키면서
거기, 다문화, 나와 보라는 거야.

뭐, 뭐라고?

순간 당황했는데,
선생님이랑 애들이 다 나만
쳐다보고 있으니까
뭘 어떻게 해야 할지
모르겠더라고.

휴......

엄연히 이름이 있는데……

한국 남성과의 국제결혼으로 몽골에서 한국으로 이주한 여성 K씨가 딸 지민이에게 들은 이야기야. K씨는 이 이야기를 듣고 너무 속상해서 눈물을 흘렸다고 해. 자신이 몽골 이주 여성이기 때문에 지민이가 손가락질 받고 비웃음거리가 된다는 생각에 엄마로서 미안한 마음이 들었기 때문이야.

만화 속 지민이는 엄마가 이주 여성이라는 점 말고는 다른 친구들과 다를 바 없는 평범한 친구야. 그런데 엄연히 이름이 있음에도 친구들 앞에서 "다문화!"라고 불렸으니 얼마나 기분이 나빴을까?

"어? '다문화 가정'이라는 말은 써도 되지 않나요?"

지민이 사연을 듣고 이런 질문을 던질 수도 있을 것 같아. 맞아. '다문화 가정'이라는 단어는 일반적으로 많이 쓰이고 있지. 그런데 이 용어가 한국인과 외국인의 국제결혼으로 이루어진 가정만을 중심으로 사용되어 왔고, '분리' '차이'를 연상시킨다는 점에서 '이주 배경 가정'으로 바꾸는 것이 바람직하다는 의견도 나왔어. 이주 배경 가정이라고 하면 외국인 노동자 가정, 북한이탈주민 가정 등 다양한 배경의 가정을 포함할 수 있으니까.

'다문화 가정'이라는 표현 자체에 문제가 없더라도 이 만화 속 선생님의 발언은 분명 문제가 있어 보여. 지민이에겐 자기 이름이 분명히 있는데 이름 대신 '다문화'라고 불렀잖아. 다른 학생들과 지민이가 조금 다르다는 점을 콕 집어 손가락질을 하는 느낌이지. 실제로 학생들 사이에선 국제결혼 가정 학생들을 '다문화'로 줄여 부르며 상대를 은근히 깔보는 문화가 널리 퍼져 있다고 해. 분명히 이름이 있는데 굳이 '다문화'라 부르는 이유가 뭔지 묻고 싶어.

교육부에 따르면 2024년 기준 초·중·고교에 다니는 이주 배경 학생은 19만 3814명. 이는 전년 대비 7% 증가한 수치로 역대 최대 규모야. 이주 배경 학생 10명 중 7명(69.6%)은 국제결혼 가정 출신이었어. 국제결혼 가정은 점점 늘고 있지만, 이들을 향한 차별적 시선은 여전한 상황이야.

'우리'가 될 수 없다는 너무나 '순수한' 잣대

2025년에는 한 부대 소속 일병이 이주민이라는 이유로 입대

뒤 동료들로부터 지속적인 괴롭힘을 당하다 부대 생활관 2층에서 뛰어내려 허리에 중상을 입은 사건이 일어났어. 해당 병사는 중국인 아버지와 북한이탈주민 어머니 사이에서 태어난 한국 국적의 이주 배경 청년이었어. 그는 다른 병사들 앞에서 망신을 당하듯 혼나는 일이 빈번했고, '짱개'(중국인 비하 표현), '짭코리아' 등으로 불렸다고 해. 짭코리아는 '가짜' '모조품'을 나타내는 속어 '짭'에 '코리아'를 붙여 만든 차별 표현이야. "뭘 할 때마다 눈치를 줘서 너무 답답했다." "숨쉬기도 어려웠다." "늘 악몽을 꾼다." 그 병사의 일기장 내용이야. 일기장을 보며 가족들 마음이 얼마나 미어졌을까 싶어. 지난 2018년에는 한 열네 살 아이가 친구들로부터 '다문화' 소리를 들으며 집단 괴롭힘을 당하다가 결국 옥상에서 떨어져 숨지는 사건도 일어났어.

군대 그리고 학교에서 일어난 집단 괴롭힘의 가해자들 마음속엔 무엇이 자리하고 있었을까? 아마도 '우리'와 '우리에 속하지 않은 이'를 구분하는 이분법이 내면화돼 있었을지도 몰라. 여기서 우리와 우리 아닌 이를 구분하는 기준은 다름 아닌 '핏줄'이 아니었을까? 이들 마음속에는 '순혈주의'가 깔려 있다고 할 수도 있을 거야. 순혈주의란, 순수 혈통주의의 줄임말이야. 혼혈이 아닌 순수 혈통으로 이루어져야 훨씬 더 우월하다는 식의 사고를 뜻하는 말이지.

우리나라의 경우, 과거에는 특히 국제결혼 가정의 자녀들을 '튀기'라고 부르며 비하하고 배척하는 문화가 강했어. 한국 사회는 단일 민족 국가라는 것을 오랫동안 강조하고 그것에 자부심을 갖도록 가르쳐 왔거든. 그래서 다양한 인종과 문화가 공존하는 다문화적 현상에 대해 비판적인 입장을 보이는 사람들도 많았지. 그 결과 이질적 문화에 대한 거부감이 점점 커지고 피부색이 다른 이주 외국인들에 대한 편견과 차별을 비롯해 문화적 갈등 같은 여러 문제가 발생했어.

국제결혼 가정의 자녀를 비하하고, 차별하는 것도 순혈주의의 대표적인 폐해야. 부모 두 사람이 우리나라 사람이면 괜찮고, 부모 중 한쪽이 우리나라 사람이 아니면 문제가 된다는 식이니까. 그런데 잘 생각해 보자. '순수한 피'는 옳은 것이고, '섞인 피'는 옳지 않은 것일까?

〚 차별의 여러 갈래를 지나 〛

사실 역사적으로 보면 우리나라 민족도 단일 민족이라고 부르기엔 무리가 있다고 해. 한 예로 고려시대의 경우, 거란과 여진 등 다양한 주변국 사람들이 고려로 귀화해 정착했다는 기록도 있지. 그렇게 따져 보면 우리가 단일 민족이라는 건 잘못된 정보가 되는 셈이야. 하지만 우리나라 사람들은 유독 순혈주의를 강조하지.

한편, 이는 인종차별과 관련해서 새로운 유형의 차별을 낳고 있어. 국제결혼 가정 중에서도 백인 부모가 있는 가정의 자녀에게는 상당히 관대하면서 동남아계 부모가 있는 가정의 자녀에 대해서는 비하하는 이중적인 사람들도 많아.

여러분이 아는 연예인 중에도 국제결혼 가정 자녀가 있을걸. 아이돌 가수 다니엘 씨는 호주 출신 아버지와 한국인 어머니 사이에서 태어났고, 패션모델이자 방송인으로 활동하는 한현민 씨는 나이지리아인 아버지와 한국인 어머니 사이에서 태어났지.

이렇게 다양한 배경에서 태어난 이들이 사회 곳곳에서 활동하고 있지만 순혈주의의 그늘은 여전히 짙게 드리워져 있는 게 사실이야. 혹시 여러분 주변에 지민이 같은 친구가 있다면 다른 친구들과 똑같이 대하고, 똑같이 부르면 좋겠어. "○○아, 놀자!"라고 이름을 부르면서 말이야.

○○들 짜증 나

물론 나이가 벼슬은 아니지만

오전 시간 지하철을 탔다가 노인들을 만난 두 청년의 대화야. 아침부터 바쁘게 약속 장소에 가야 하는 상황인데 노인들이 지하철 안에서 마치 집 안방에 있는 것처럼 큰 소리로 노래를 듣고 이야기하는 모습을 본 거야.

대화 속에서 유독 눈에 들어오는 단어가 있지? 그래, '틀딱'이라는 말. 온라인 커뮤니티를 중심으로 확산된 노인 비하 표현으로 '틀니를 딱딱거린다.'의 줄임말이야.

그런데 두 사람의 대화를 읽으며 공감하는 이들이 꽤 있을 거야. 모든 노인이 다 그런 건 아니지만, 노인들 중에는 공공장소에서 기본 에티켓을 무시하는 이들이 종종 있지. 대화 속 노인처럼 공공장소에서 이어폰을 안 꽂고 음악을 듣는 건 별일이 아닐 정도로 무례한 행동을 하는 노인들도 많아. 노약자석에 앉아 있으면서 서서 가는 젊은이들을 향해 시비를 거는 경우도 있지. "옷차림이 그게 뭐냐!" "머리에 피도 안 마른 것들이!" "나 어릴 때는 안 그랬다." "휴대폰 그만 좀 보고 다녀라." 같은 잔소리나 훈계가 이어지기도 해.

노인들 입장에서는 젊은 세대에 대한 관심의 표현이자 어른으로서 진심 어린 조언을 해 주는 거라고 생각하겠지만, 젊은 세대들이 보기에는 무례한 참견으로 느껴질 수밖에 없을 거야. 나이가 더 많다는 이유로 젊은 사람들에게 행패를 부리는 노인들을 비하하는 '노슬아치(노인+벼슬아치)'라는 말도 있다고 해.

말에 담긴 부정적 의미는 어디서 비롯될까?

그런데 틀딱이라는 말 속에는 우리나라에서 노인이 처한 상황과 청년 세대의 고민 같은 것들이 모두 담겨 있어. 틀딱은 일반적으로 나이 든 사람을 비하하는 표현인 '꼰대'와는 그 말의 느낌이 조금 달라. 나이가 들어 쇠약해진 노인의 신체 중 대표적 부위인 '치아'를 콕 집어 비난하면서 노인을 극단적으로 손가락질하는 느낌이 들어.

현재 우리 사회에서 일반적으로 노인을 규정하는 기준 나이는 만 65세야. 한 사회의 총인구 중 만 65세 이상 노인 인구가 20퍼센트 이상이면 초고령사회, 14퍼센트 이상이면 고령사회라고 부르고 있지. 우리나라는 초고령사회를 코앞에 두고 있어. 그만큼 노인 인구가 많다는 의미지. 노인 인구는 많지만 일할 수 있는 능력은 부족해지고, 그들을 부양할 사회적 비용은 늘어나니 노인들은 사회에서 부담스러운 존재로 여겨지곤 해. 청년 층은 취업 자체도 힘든데 노인 부양에 대한 사회적 비용을 감당 하는 것은 물론이고 일부 노인들의 무례한 행동까지 봐야 하니 노인이라는 말만 들어도 한숨이 나온다는 이들도 있어.

실제로 노인에 대한 부정적 인식의 주된 원인으로 '일자리'와 '복지 비용'을 둘러싼 갈등이 지목되고 있어. 지난 2018년 국가 인권위원회가 발표한 〈노인인권 종합보고서〉를 보면 '노인 일 자리 증가 때문에 일자리 감소가 우려된다.'는 응답이 56.6퍼 센트, '노인복지 확대로 청년층 부담 증가가 우려된다.'는 응 답이 77.1퍼센트로 나왔어. 부양해야 할 노년층이 늘어나는 것에 대한 청년들의 불안감이 그만큼 크다는 이야기야.

그런데 노인과 청년이 경쟁할 수 있는 일자리가 실제로 몇 이나 될까? 이와 관련해선 세대 간 경쟁이 가능한 일자리는 한정적인데 마치 모든 일자리를 두고 양 세대가 경쟁하는 것 처럼 부풀려서 생각해선 안 된다는 지적도 있어.

마음먹으면 충분히 가능한 노력들

노인에 대한 부정적인 인식이 커지면서 나라에서 주는 국민연금 등으로 생활하는 노인들을 비하하는 '연금충'이라는 표현도 등장했어. 그런데 국민연금 등 노인 부양에 드는 사회적 비용이 부담스럽다는 이유로 노인을 비하하는 게 과연 합당한 걸까? 문제의 핵심은 젊은 세대 수는 줄고, 노인 수는 늘어나는 등 '인구 구조가 달라졌다.'는 데 있어. 그리고 중요한 건 이런 변화에 맞는 대안을 고민하는 일일 거고.

한편, 노인들은 노인들대로 자신들의 상황을 받아들이는 걸 힘들어해. 자신들은 1970~1980년대 고도성장을 견인해 준 세대인데 사회에서 '비용이 드는 사람'이자 '젊은이들에게 부담을 떠안기는 사람'으로 지목되는 현실이 좋을 리 없지. 게다가 노인 세대들이 젊었을 때 사회와 맺은 약속에 따라 연금을 받는 걸 두고 '연금 벌레'(연금충)라는 모욕적인 말까지 듣게 되니 참 속상할 거야.

문제는 이런 분위기 속에서 일부 노인들이 무례한 태도를 보이며 노인에 대한 부정적인 시선을 더 키웠다는 거야. 젊은 세대들은 노인에 대한 편견이 생길 수밖에 없겠지. 노인이라고 하면 모두 권위적일 것 같고, 공공장소에서 떠들 것 같고, 자기 생각만이 정답이라고 고집을 부릴 거라고 생각할 수도 있어. 그 과정에서 증폭된 게 세대갈등이야. 세대갈등이란, 세대 간의 입장 차이로 벌어지는 갈등을 뜻하는 말이지. 어때? 틀딱이라는 단어 안에 우리 사회의 여러 고민과 갈등이 담겨 있다는 말이 무슨 뜻인지 이해가 가지?

어떤 이들은 이런 말도 해. 정말 '틀딱' 소리를 들을 정도로 무례한 이들도 있지만 그렇지 않은 이들도 있다고. 무례하고 개념 없는 노인들 사례가 미디어에 자극적으로 많이 나오니까 우리 자신도 모르는 새 모든 노인을 '짐짝'이나 '연금을 축내는 사람' 등으로 바라보게 되었을 수도 있을 거야. 마치 고정관념처럼 말이지.

노인에 대한 부정적인 인식이 바뀌려면 노인 세대 스스로도 왜 자신이 속한 세대가 혐오의 대상이 됐는지 생각해 보아야 할 거야. 젊은 세대들은 노인이 처한 현실과 그들 세대의 어려움에 대해 관심을 기울여야 할 거고. 이상적인 이야기로 들릴지 모르지만 이렇게 세대별로 서로 소통하고 존중하려는 노력 없이 갈등 해결은 어려울걸. 이런 좋은 문화가 자리를 잡게 되면 '틀딱' 소리를 듣는 노인들도 점차 사라지고, 그 말을 쓰는 것 자체가 문제라는 점을 누구나 공감하지 않을까?

공부 못하니 ○○나 하고 있지!

역시 이런 날은 시켜 먹는 게 최고야!
근데 왜 이렇게 안 와?

딩동!

왔다!

밖에 비 많이 오나 봐.

이게 뭐야? 빗물 잔뜩 묻고!
벨도 누르지 말라니까 누르고!
진짜 센스 없네.

뭘 그거 몇 방울 가지고 그래!
비도 오고 바빴나 보지.
너도 참...

어휴~
머리 나쁘고 공부 못하니깐
저런 딸배나 하는 거지!

쯧 쯧쯧

비가 내리던 날, 집에서 배달 음식을 주문한 두 친구의 사연이야. 디지털 기술이 발달하고, 스마트폰 사용이 일상화되면서 두 친구처럼 앱이나 소셜네트워크서비스(SNS) 등을 활용해 각종 서비스를 구매하는 사람들이 많이 늘었지? 이런 서비스 창구를 '디지털 플랫폼'이라 부르곤 해. 그리고 이런 서비스를 매개로 하는 노동을 '플랫폼 노동'이라 하지. 만화 속 '배달 노동자'를 비롯해 '대리운전 노동자' 등이 대표적인 플랫폼 노동자라 할 수 있어.

그런데 만화 속 한 친구의 말에서 배달 노동자를 낮춰 보는 시선이 느껴지지? 배달 노동자가 "머리 나쁘고 공부 못하니 저런 딸배나 하는 거지, 뭐."라는 말을 직접 들었다면, 얼마나 불쾌했을까?

이 친구 입에서 나온 '딸배'라는 말은 오토바이를 타고 배달을 하는 배달 노동자를 비하하는 표현이야. '배달'을 거꾸로 읽은 데서 유래했다는 이야기도 있고, 오토바이 엔진음에서 '딸딸' 소리가 난다 해서 이 표현이 나왔다는 설도 있어.

'배달 노동자' '배달 기사' 등 직업인을 부르는 단어가 분명히 있음에도 이렇게 비하와 조롱이 섞인 표현을 쓴다는 게 참

쓸쓸한 일이지. 또한, '딸배'라는 단어 앞에 나오는 표현도 참 거슬려. "머리 나쁘고 공부 못하니 저런 딸배나 한다."는 말에서 "공부를 못했으니 저런 하찮은 노동이나 하고 있다."는 식의 차별적 시선이 읽히지.

과연 직업에 귀천이 있는 걸까?

그런데 이 만화와 비슷한 일이 현실에서도 일어났다는 거 알아? 지난 2021년, 배달 노동자 K 씨는 커피 배달 호출이 들어와서 배달을 갔어. 근데 잘못된 주소였지. 근처에서 헤매며 여러 차례 전화를 건 지 약 30분 후 고객과 겨우 연락이 닿았어. 이후 고객이 다시 알려 준 주소로 향했지만, '바쁘니 밖에서 기다려 달라.'라는 말이 돌아왔어. 밖에 서서 기다리던 K 씨는 다음 주문이 들어와 마냥 기다릴 수 없었기에 건물로 들어가 봤어. 그리고 고객이라는 이에게 이런 막말을 들었지.

"할 수 있는 게 그것밖에 없으니까 거기서 배달이나 하고 있죠. 본인들이 공부 잘했어 봐요, 안 하죠?"

여기서 끝이 아니었어. 상대 입에서는 배달 노동자와 자신을 비교하며 과시하는 듯한 말이 줄줄이 나왔어.

우리나라 사람들이 유독 비하 표현을 붙이는 직업들을 보면 어떤 공통점을 발견할 수 있어. 주로 육체노동과 관련된 직업들이라는 점이지. 이유가 뭘까? 아마도 노동이나 상업 등을 천시하는 우리 사회의 오랜 문화가 지금까지 계속되고 있어서가 아닐까 짐작하게 돼.

2020년에는 한 수학 강사가 "수리 가형 7등급이면 공부 안한 거다. 노력해서 3점짜리 다 맞췄으면 7등급은 아니다."라고 설명하면서 "그렇게 (공부) 할 거면 지이이잉 용접 배워서 호주 가야 돼. 돈 많이 줘."라고 말한 사건이 논란이 되기도 했어. 일부 누리꾼은 "공부는 용접보다 훨씬 가치가 있고, 할 게 없는 사람이나 용접을 하는 거라는 식으로 용접 관련 직업인을 비하했다."며 불편해했어.

특정 개인의 일탈이지 '모두'의 잘못은 아닌데⋯⋯

노동이라는 것은 어떤 종류이든, 누가 주체가 되든지 간에 가치 있는 행위야. 노동은 얼핏 개인적인 행위로 보일 수 있지만, 개인적인 행위인 동시에 사회적인 행위라고 볼 수 있어.

디지털 시대가 도래하면서 사람이 직접 몸을 움직여 수행하는 일들은 줄어들었지만, 우리 사회는 누군가의 육체노동 덕에 원활히 작동하고 있어. 예를 들어, 한 도시가 세워질 때는 도시계획가, 정책 입안자, 건축가 등도 필요하지만, 건설 노동자도 없어서는 안 되는 직업인이지. 코로나19가 심각했을 때 사람들 사이에선 "배달 노동자에게 정말 감사하다."는 이야기가 많이 나왔어. 이 직업인들이 없었다면, 많은 이들이 생필품을 안전하고 편리하게 집안에서 받아볼 수 없었을 거야.

최근에는 판매 직업군을 비하할 때 '팔이'라는 접미사를 사용하는 사례도 많아지고 있어. 각각 자동차 판매원을 뜻하는 '차팔이', 휴대전화 판매 대리점 직원을 뜻하는 '폰팔이' 등이 그런 경우지.

어떤 이들은 배달 노동자들이 교통법규를 위반하거나 자동차 판매원이나 휴대전화 판매 대리점 직원들이 허위 매물을 거래하고, 지나치게 호객행위 하는 사례를 들어 "욕을 먹어도 싸다."고 말하기도 해.

하지만 모든 분야가 그렇듯 같은 직업군 안에서도 비판받을 만한 행동을 하는 이가 있는가 하면, 자기 일을 성실하게, 정직하게 수행하는 이도 분명히 있을 거야. 중요한 건 이렇게 그 분야 직업인을 조롱하고 경멸하는 듯한 표현을 쓴다고 해서 문제가 해결되는 건 아니라는 거지. 물론 직업인들에게도 자신들을 둘러싸고 어떤 사회적 시선이 있고, 왜 그런 시선이 나오게 됐는지를 생각해 보고, 올바르게 행동하려는 태도가 필요할 거야.

사람들에게 일과 직업은 때로 자기 자신과 동일시되기도 해. 이를 '직업 정체성'이라고 하지. 개인이 직업인으로서 자신의 직업에 대해 갖는 태도, 생각, 의식 등을 뜻하는 말이야. 오늘 하루, 나도 모르는 사이 누군가의 직업 정체성에 상처를 입히는 말을 하진 않았는지 잘 생각해 보자.

○○! ○○○!
여기 주문

누구는 '님'이고 누구는 '어이, 아가씨'

한 병원 안에 입점한 카페에서 일어난 일이야. 손님의 태도가 너무 무례하지? 카페 사장이 아무리 젊어 보인다 해도 상대가 무슨 일을 하는 사람인지 뻔히 보이는데 제멋대로 '아가씨'라 부르다니! 게다가 그는 대화 내내 일방적으로 반말을 쓰고 있어. 동료나 아랫사람을 부르는 감탄사인 '어이'라는 말까지 덧붙여서.

'어이! 아가씨!'와 대비되는 표현에도 주목해 봤으면 해. '의사 선생님'이라는 표현 말이지.

우리 주변에는 참 다양한 직업인들이 있어. 그런데 직업에 따라 사람들이 누구에겐 '선생님' 또는 '님'이라 부르고, 누구한테는 '아가씨' '아줌마' '아저씨' 심지어 '어이' '여기'라고 부르는 걸 흔히 볼 수 있어.

'님'과 '선생님'은 존경의 의미를 담은 호칭이라고 할 수 있어. '님'은 직위나 신분을 나타내는 일부 명사 뒤에 붙는 접사로 '높임'의 의미가 있거든. '선생님'도 마찬가지야. 본래 선생(先生)은 '가르치는 사람'을 뜻하는 말이잖아. 근데 교육직 종사자가 아닌 사람에게도 이 말을 붙여 부르는 경우가 있지. 그만큼 상대를 예우한다는 의미가 담겨 있다고 보면 돼.

한쪽으로 기울어진 예의는 사양합니다

직업이란 뭘까? 직업은 한자로 '직분 직(職)' '일 업(業)' 자를 써. 경제적 소득을 얻거나 사회적 가치를 이루기 위해 참여하는 지속적인 활동을 뜻하지. 우리나라 헌법 제15조는 "모든 국민은 직업 선택의 자유를 가진다."고 규정하여 직업의 자유를 국민의 기본권으로 보장하고 있어.

직업에는 귀하고 천한 게 없어. 다른 사람을 해치거나 사기를 치는 등 범죄 행위로 돈을 버는 게 아닌 이상 직업은 누구에게나 의미와 가치가 있지. 그런데 자본주의 사회가 되면서 직업은 "돈을 얼마나 더 많이 버느냐."를 기준으로 일종의 계급화가 됐어. '선생님' 또는 '님'을 붙여 부르는 직업들은 의사, 검사, 판사, 변호사 등 상대적으로 더 많은 돈을 버는 '전문직'인 경우가 많아. 전문직이란, 전문적인 지식이나 기술이 필요한 직업을 뜻하지. 상대적으로 돈을 많이 버는 특정 직업인 위주로 존경과 예우의 의미가 담긴 호칭을 붙여 부르는 문화를 보면 우리가 무조건 돈으로 사람을 구별 짓고, 직업별 높낮이를 아주 촘촘하게 만들어 왔다는 생각이 들기도 해. 기울어진 예의에 균형을 잡을 필요가 있는 거지.

지난 2017년 국가인권위원회가 발표한 〈2017년도 초·중

등 교과서 모니터링 보고서〉(이하 보고서)에 따르면, 초·중등 교과서에서 무의식중에 특정 직업에 대한 편견을 갖게 할 수 있는 잘못된 표현과 그림 등이 꽤 발견됐어. 소방관이나 떡집, 꽃집 주인은 '아저씨'라고 부르면서 의사는 '선생님'이라 부르는 경우가 대표적이지.

직업인의 이름을 찾아 줍시다!

구체적인 사례를 들여다보자. 초등학교 1학년 2학기 국어 교과서를 보면 '우리 동네에 사는 사람들의 직업은 여러 가지'라고 소개하면서 '예쁘게 머리를 다듬어 주시는 미용사' '불을 꺼 주시는 소방관'이라고 언급했대. 하지만 유독 의사에 대해서는 '우리를 치료해 주시는 의사 선생님'이라고 했지. 2학년 국어 교과서에는 학생이 장래희망을 쓴 명찰을 가슴에 매단 그림이 실렸는데, 꽃집 주인을 '꽃집 아저씨'로 적었어. 학생들이 떡집에 간 장면을 소개한 사진에는 "떡집 아저씨를 만났어요."라는 설명이 달려 있었지.

사회마다 그 사회 구성원들이 상대적으로 더 선호하는 직업군이 있을 순 있지만, 그렇다고 해서 다른 직업군에 종사하는 이들을 낮춰 볼 이유가 있을까? 세상에는 의사, 변호사, 판사, 검사도 필요하지만 소방관, 과일 가게 점원, 카페 사장도 분명 필요한 직업인이지. 누가 더 의미 있고, 가치 있는 일을 한다고 단정할 순 없을 거야.

직업인을 부를 때 그가 하는 일 자체만을 객관적으로 알 수 있게 부르면 어떨까? 위 보고서에선 "어떤 직업은 존경받고 어떤 직업은 아닌 것으로 편견이나 고정관념을 가질 수 있다." 며 "'아저씨'라든가 '선생님'이라는 지칭어를 모두 삭제하고 해당 직업만을 지칭하는 방식으로 수정돼야 한다."라는 의견을 밝히기도 했어. 예를 들어 '김 변호사님'이 아닌 '김 변호사'로, '꽃집 아줌마'가 아닌 '꽃집 사장'으로 호칭을 바꿔 보자는 거지.

엄연히 직업명이 있음에도 해당 직업인을 '아줌마' 등으로 부르는 이들이 많은 탓에 관련 공익광고가 나온 적도 있었어. '요양보호사'에 대한 공익 광고였지. 요양보호사는 각종 질병, 질환 등으로 독립적으로 일상생활을 하기 어려운 노인들이 신체활동 및 가사 활동을 잘할 수 있도록 전문적으로 지원하는 일을 하는 직업인이야. 관련 국가 자격증을 가진 사람들만 이 일을 할 수 있지.

그런데 이들은 일터에서 종종 '아줌마' '이봐요' '어이' 등으로 불려 왔다고 해. 지난 2020년 국민건강보험공단은 이들에게 '요양보호사'라는 엄연한 직업명이 있다는 걸 알리는 공익광고를 만들었어. 영상을 본 시민 중에는 "이 밖에도 '아줌마' '아가씨' '언니'로 불리는 직업들이 생각납니다. 시리즈로 나왔으면 좋겠네요."라는 반응을 보인 이들도 있었다고 해.

혹시 어떤 직업인을 부르는 적절한 호칭이 없다면, 이에 대한 고민을 한 번쯤이라도 해 보는 건 어떨까? 지난 2011년 한국여성민우회는 식당 노동자에 대한 호칭 공모를 한 바 있는데 이때 '차림사'라는 호칭이 최종 선정됐었어. 널리 알려지지 않아서인지 사람들 대다수가 이 호칭을 모르고 있는 게 안타까워.

사실 이 호칭을 쓰느냐, 안 쓰느냐보다 더 중요한 건 다른데 있을지 몰라. 당시 여성민우회 측은 "이번 공모는 단순히 호칭만을 찾자는 것이 아니라 노동으로서 대접받지 못한 식당 노동을 가시화하고 식당 일을 하는 분들을 노동자로 자리매김한다는 데 의미가 있습니다."라고 밝혔어. 이 이야기를 들으면 호칭만큼 중요한 게 우리 주변에서 땀 흘려 일하는 누군가를 존중하는 것임을 깨닫게 되지. 아무리 부를 호칭이 없다고 해도 최소한의 존중하는 마음이 있다면, "어이! 아가씨!" "어이! 아줌마!" 이런 소리는 나오지 않겠지?

어린 사람을 낮춰 보고 비웃는 말들

이런 말은 아파요!

* 따박!

'급식충'이란 표현을 들여다보면 우리 사회가 나이 어린 사람들을 어떻게 바라보는지 여실히 보이지? '어린 사람에 대한 차별'을 뜻하는 용어로 '어덜티즘(adultism)'이란 말도 있어. 우리말로는 '아동차별주의'라고 부를 수 있지. 안타깝게도 우리 사회에는 어덜티즘이 짙게 반영된 표현이 계속해서 나오고 있어. 어떤 표현들일까?

"어휴, 저 잼민이가 까부네?"

⇨ '잼민이'는 게임 채팅, 인터넷 방송 등에서 어설픈 언행으로 주변에 불편함을 주는 저연령층을 부르는 말로 쓰이고 있어. 나이가 어리고, 서툴고, 어설프다 해서 상대를 얕잡아 보거나 비웃어도 괜찮은 걸까?

"요린이도 쉽게 만드는 오늘의 한 끼!"

⇨ 요리에 서툰 사람을 두고 '요린이', 골프 초보자에게 '골린이'. 언젠가부터 '어린이'에서 앞글자만 바꿔서 어떤 분야에 서툰 사람, 뭔가를 처음 해 보는 사람 등을 낮춰 부르는 문화가 생겨났어. 우리 사회가 어린이를 동등

한 사회 구성원으로 보기보다 모든 영역에서 '초보자'이며, 무조건 미숙하고 부족하기만 한 존재로 낮춰 보는 편견이 있기 때문일 거야. 어른들이 그렇듯 어린이 한 사람, 한 사람에게도 각자의 능력과 가능성이 충분히 있을 텐데 어린이라고 해서 이런 시선으로 바라봐선 안 되겠지. '○린이' 말고, '~초보' 또는 '~입문자' 등을 붙여 '요리 초보' '골프 입문자' 이렇게 표현하면 어떨까?

"너 초딩이냐?"

⇨ 누군가 개념 없는 행동을 하거나 무례하게 굴 때 또는 뭔가를 잘 모를 때 그에게 이런 말을 장난하듯 툭 내뱉는 이들도 있어. 여기서 '초딩'은 '초등학생을 얕잡아 부르는 말이지. 그런데 왜 개념이 없고, 무례하고, 뭔가를 잘 모르는 누군가의 특성을 말하는데 애먼 '초등학생을 그것도 '초딩'이란 비하 표현으로 불러온 걸까. 모든 초등학생이 개념 없는 행동을 하고, 예의를 모르는 것도 아닌데 말이지. 이 표현의 밑바탕에도 '초등학생=기본 개념이 없는 부족한 존재들' 등 나이 어린 이들을 낮춰 보는 사고방식이 담겨 있다고 볼 수 있을 거야.

2장
오해와 이해 사이에
멈춰 서서

같은 부모 아래 태어난 자식들도 생김새나 성격이 조금씩 다 다르지.

하물며 이 지구상엔 얼마나 다양한 사람이 살고 있겠어.

나와 조금 다른 것을 '틀림'으로 보는 것, 그런 시선이야말로 틀린 게 아닐까?

언어도 마찬가지야. 아 다르고 어 다른 게 말이잖아. 이번 장에서는 '틀림'과

'다름' 사이에 생겨나는 차별의 언어를 살펴보도록 하자.

○○ ○○ 친구들을 돕기 위해 마련했어요

지영이는 아버지가 안 계시지?

네.....

어려운 형편에서도 성실하게 학교생활을 해서 얼마나 대견한지 몰라. 그래서 선생님이 결손 가정 학생 대상 장학금 프로그램에 지영이를 추천했단다.

결손 가정...이요?

응, 학교 재단에서 주는 건데 지영이가 뽑혔어. 축하해. 다음 주에 장학금 수여 행사가 있으니 같이 가자.

덥-석

지영이는 1년 전 아버지가 돌아가셔서 어머니와 단둘이 살고 있어. 아버지가 암 투병을 하다 돌아가신 탓에 병원비가 많이 들었고, 지금도 가정 형편이 좋지 않지. 대화를 통해서도 느껴지지만 담임 선생님은 아끼는 제자인 지영이에게 조금이라도 도움이 됐으면 하는 마음으로 장학금 프로그램을 알아보고 직접 신청까지 하셨어. 며칠 뒤, 장학금 수여 행사는 학교 강당에서 진행했어. 그런데 행사장에 걸린 현수막이 지영이 눈에 자꾸 거슬리는 거야. 많이 들어 봤지만, 그 뜻은 정확히 몰랐던 단어가 적혀 있었거든. 바로 '결손 가정'이라는 단어. 선생님과 이야기 나눌 때도 이 말을 스치듯 들었던 게 어렴풋이 떠올랐어.

혹시 결손 가정이라는 말 들어 본 적 있어? 처음 들어 본다고? 아니면 들어는 본 것 같은데 자세한 뜻은 모른다고? 지영이처럼 부모님 가운데 한 분이 안 계시거나 두 분 모두 안 계실 때 이를 두고 결손 가정이라는 표현을 쓰는 사람들이 있어. 그런데 이 말이 뭐가 문제인 걸까?

자, 여기서 한자 공부도 할 겸 결손 가정이라는 말을 자세히 살펴볼까? '결손'의 한자를 풀어 보면 '이지러질 결(缺)' 자에

'덜 손(損)' 사를 써. 여기서 '이지러지다'라는 말은 어딘가 한 귀퉁이가 떨어지거나 찌그러져 있다는 뜻이지. 쉽게 말해 '뭔가 부족하고 모자라다.'는 정도로 이해하면 될 것 같아. 국어사전을 한번 펼쳐 볼까? 사전에 따르면 '어느 부분이 없거나 잘못되어서 불완전함.'이라고 정의하고 있어. 순화한 표현으로는 '모자람'이라고 하고.

워낙 흔히 쓰이는 말이라 잘 모를 수 있지만, '결손 가정 아이'에는 '불완전한 가정의 아이'라는 의미가 담겨 있어. 그런데 여기서 한 발 더 나가 생각해 보자. '불완전한 가정'이라는 것은 '완전한 가정'이 있음을 전제하는 거잖아. 그렇다면 완전한 가정이란 뭘까? 부모가 모두 살아계시면 완전한 가정일까?

정상과 비정상을 누가 구분할 수 있지?

결손 가정이라는 단어에는 아빠, 엄마, 아이들 이렇게 3인 이상으로 구성된 가정의 형태를 '정상'이라고 바라보는 시선이 바탕에 깔려 있어. 이런 가정을 정상이라고 여기게 되니 그것과 조금 다른 형태의 가정들은 비정상, 뭔가 불완전한 가정으로 보이는 거지.

그런데 이 기준으로 요즘의 가정 형태를 살펴보면 '비정상'에 속하는 가정들이 매우 많아. 요즘에는 한쪽 부모님하고만 사는 친구들도 많으니까. 그래서 아이를 키우며 혼자 사는 여성과 남성을 각각 뜻하는 '싱글맘' '싱글대디'라는 말도 나왔어. 여성가족부의 〈2023 통계로 보는 남녀의 삶〉 자료를 보면 2022년 기준 엄마 또는 아빠가 단독으로 18세 미만의 자녀를 양육하는 한부모 가구는 149만 4000가구로 일반 가구의 6.9퍼센트 수준이야. 적지 않은 규모지.

과거에는 엄마 또는 아빠만 있는 경우 각각 편모(偏母), 편부(偏父)라는 말도 많이 써 왔어. 여기서 한자 '편(偏)'은 '치우치다' '쏠리다' '기울다' 등의 뜻인데 결국 이 단어들에는 "부모 양쪽이 다 있어야 균형이 맞는다."는 편견이 깔려 있지.

편모, 편부처럼 결손 가정이라는 표현에서도 편견과 고정관념이 느껴져. 그저 각자 처한 상황이 다른 것뿐인데 이를 뭔가 부족하다거나 문제가 있는 것처럼 여기게 만드는 말이니까. 이 말을 대신할 다른 좋은 표현이 없을까? 부모 한 명과 아이로 이루어진 가족이라는 뜻의 '한부모 가정'이나 '한부모 가족' 혹은 조부모와 손자로 이루어진 가족이라는 의미를 가진 '조손 가족' 등도 많이 쓰이고 있어. 그냥 그 가정 형태를 있는 그대로 객관적이면서도 담백하게 말할 수 있는 표현들 말이야.

아까 결혼한 부부 한 쌍과 그 자녀로 이루어진 가족 형태만
이 이상적이며 정상이라고 보는 시각에 대해 이야기했잖아.
이런 시각을 두고 조금 어려운 말로 '정상 가족 이데올로기'라
고 해. 정상 가족이라는 하나의 상을 만들어 두고 이를 마치
세상의 중심이고 기준이며 정답인 양 생각해서 이를 벗어난
다양한 가족 개념은 결코 받아들이지 않는 거지. 정상 가족
이데올로기에 갇힌 사람들은 자신들이 생각하는 가족 형태에
부합하지 않는 것에는 '비정상'이라는 꼬리표를 붙이곤 해.

'다양한 정상들'을 찾아 나가자

그런데 이렇게 정상 가족 이데올로기에 갇힌 채 누군가에
게 비정상이라는 낙인을 찍는 사람은 시대가 바뀌어 가는 추
세를 잘 모르는 사람들일 거야. 요즘에는 무척 다양한 가정 형
태들이 등장하고 있거든.

부부 생활을 하면서 의도적으로 아이를 안 갖는 이들도 적
지 않다고 해. 이런 이들을 두고 'Double Income No Kids'
의 머리글자를 따서 '딩크(DINK)족' 혹은 '비출산 부부'라고도
하지. 법적으로 혼인 관계를 맺지 않고, 즉 결혼하지 않고 함

께 사는 동거 가정도 많아. 우리나라만 그런 건 아냐. 스웨덴의 경우 가정 형태의 무려 3분의 1이 동거 가정일 정도로 많은 사람들이 동거를 선택한다고 해.

한편 아예 가정 자체를 안 꾸리는 사람, 즉 결혼을 안 하는 사람들도 많아. 이를 두고 '비혼(非婚)'이라고 해. '미혼(未婚)'이라는 단어가 '혼인은 원래 해야 하는 것이나 아직 하지 않은 것'의 의미를 가지는 반면, 비혼은 '아닐 비(非)' 자를 써서 '혼인 상태가 아니다.'라는 좀 더 주체적인 의미를 담고 있어. 여기에 더해 최근엔 결혼하지 않은 여성이 출산을 하는 '비혼 출산' 사례도 나오고 있지.

이렇게 다양한 가정 형태가 등장하고 있는데 "가정의 모습은 이래야 해."라고 정의를 내려 버리고 그 기준에서 벗어나면 '결손 가정'이라는 꼬리표를 붙인다니, 참 시대착오적인 태도지. 참고로 어떤 학교에선 다양해진 가정 형태를 반영해 '학부모 회의'라는 말 대신 '양육자 회의'라는 표현을 쓴다고 해. 어때? 새롭고 의미 있는 시도지?

결손 가정 같은 표현을 쓰는 이들 중엔 지영이 담임 선생님처럼 악의 없이 그저 '잘 몰라서' 이 말을 쓰는 사람들이 더 많지 않을까 싶어. 그런 분들이 있다면 요즘의 가정 형태가 어떻게 달라지고 있는지부터 차근차근 설명해 드리면 어떨까?

날도 추워지는데 ○○○○○ 사자

벌써 겨울이 왔나 봐.
장갑이랑 목도리 나왔더라고.

하─

그래? 올해는 장갑이랑 목도리
세트로 살까 했는데.
예쁜 걸로 좀 알아봐야겠네.

장갑은 벙어리장갑이
진짜 귀여운데.

그치, 근데 막상 쓸 때는
좀 불편하더라.

에─

불편~

너 그거 몰라?
안에는 손가락장갑, 겉에는 벙어리장갑이
붙어 있는 장갑도 나왔어.
스마트폰 터치도 되고.

오! 그런 게 있어?

장갑 앞에 붙은 '세 글자'

이른 겨울, 오랜만에 만난 두 친구의 대화야. 이 대화에서 나오는 '벙어리장갑'은 여러분도 다 알고 있는 장갑이지? 엄지손가락만 칸이 나눠져 있고 다른 네 손가락은 하나로 합쳐진 장갑. 워낙 오래전부터 '벙어리장갑'으로 불려 온 탓에 사람들은 이 단어가 왜 문제가 되는지 잘 인식하지 못하지. 자, 이제 차분하게 이 단어에 대해 한번 살펴보자. '장갑' 앞에 붙은 '벙어리'라는 단어에서 뭔가 이상한 게 느껴지지? 맞아. 벙어리는 청각·언어 장애인에 대한 비하가 담긴 표현이야.

실제로 청각·언어 장애인들 중에는 "아이들과 겨울에 길거리 다닐 때 상점이나 가판대에서 '벙어리장갑'이라는 표현을 보면 얼른 눈길을 피하게 됩니다. 우리를 조롱하는 의미가 담겨 있는 것 같아서요."라고 말하는 이도 있다고 해. 또 친구들에게 "너는 벙어리라서 벙어리장갑 끼고 다니냐?"라고 놀림과 조롱을 받는 경우도 있었다고 하고.

'벙어리장갑'이 워낙 많이 쓰이는 단어라 문제가 된다는 것조차 몰랐다고? 그럴 수 있어. 하지만 이제 이 말이 왜 문제가 되는지 알았으니 앞으로는 쓰지 않는 게 좋겠지. 그런데 사람들은 벙어리장갑이라는 표현을 언제부터, 어떻게 해서 쓰게 된 걸까?

벙어리장갑을 가리키는 영 단어인 'mitten'도 말을 못한다
는 의미의 'mute'와 큰 관련성이 없어 보여. 일부에서는 "언
어 장애인은 성대와 혀가 붙어 있다."라는 잘못된 속설을 믿은
옛날 사람들이 네 개의 손가락이 하나로 붙어 있는 형태의 장
갑을 보고 벙어리장갑이라고 부르기 시작했다고 보기도 하더
라고. 어떤 배경에서든지 간에 이 단어가 장애인을 불편하게
하는 건 사실이니까 다른 말로 고쳐 쓰는 게 좋겠지?

▌ 어느새 습관이 되어 버린 말들 ▐

이와 관련해서 몇 년 전, 한 사회복지법인에서 벙어리장갑
에 다른 이름을 붙이자는 캠페인을 한 적이 있어. 이 캠페인은
언어를 순화해 장애인에 대한 사회적 인식까지 개선하자는 취
지로 시작했다고 해. 많은 시민들이 캠페인에 참여했는데 그
때 벙어리장갑을 대체할 단어가 선정됐어. 어떤 단어를 쓰기
로 했는지 궁금하지?

일단 후보들로는 북한에서 사용하는 '통장갑', 엄지손가락
만 보인다는 뜻에서 '엄지장갑' '손모아장갑' 등이 올라왔는데

이 중 '손모아장갑'이 선정됐어.

사실 벙어리장갑이란 말을 쓸 때 일부러 장애인을 비하하고 조롱해야겠다는 생각을 하는 사람이 몇이나 될까? 아마 무심코 이 말을 쓰는 경우가 대부분일 거야. 언어라는 게 자기도 모르는 새 일상 속에 자리를 잡고, 습관이 되어 버리기 때문에 때론 '낯설게 보기'를 하면서 면밀히 살펴볼 필요가 있음을 깨닫게 해 주는 사례지.

코로나19가 창궐했을 때 당시 질병관리본부 중앙방역대책본부에서 '깜깜이 감염' '깜깜이 환자'라는 표현을 쓴 적이 있어. 시각 장애인에 대한 차별적 표현일 수 있다는 지적에 '감염경로 불명' 또는 '감염경로를 알 수 없는 확진 환자'로 고쳐서 표현하기로 했지. 그간 언론에선 '깜깜이 선거' 등의 표현을 종종 써 왔었어. 언론 매체가 특정 주제나 사안을 알기 쉬운 말로 전달하려는 의도는 알겠지만, 이 과정에서 사용하는 표현에 차별적 시선이 있다면 고치는 게 맞겠지. 언론에서 다룬 표현은 그만큼 파급력이 크니까.

우리가 일상에서 자주 쓰게 되는 장님, 절름발이 같은 표현도 고쳐서 쓸 필요가 있어. '장님'은 '시각 장애인', '절름발이'는 '지체 장애인' 등의 대체어가 있다는 걸 기억하자. 아, 절름발이에 대해서는 다음 꼭지에서 조금 더 자세히 이야기를 나누려고 해.

누구를 비하하지 않고, 누구도 상처받지 않도록

관용 표현 속에서도 누군가에게 상처를 줄 수 있는 표현들을 쉽게 찾아볼 수 있어. 관용 표현이란, 둘 이상의 낱말이 합쳐져 원래의 뜻과는 전혀 다른 새로운 뜻으로 굳어져서 쓰이는 표현을 말해. 특정 나라의 사회적·역사적·문화적 배경이 반영돼 마치 습관처럼 굳어져서 널리 사용되는 특수한 표현을 가리키지. 대표적인 관용 표현으로 '속담'이 있어. 하지만 아주 오랫동안 쓰였다고 해도 그 안에 좋지 않은 의미나 사회 구성원 누군가에게 상처를 주는 의미가 담겨 있다면 바꾸는 게 맞겠지.

생각을 말로 표현하지 못하는 사람을 비유적으로 이르는 말인 '꿀 먹은 벙어리'가 대표적이야. 또한 전체적인 상황을 제대로 파악하지 못하는 사람을 일컫는 '눈뜬장님'도 장애인을 비하하는 관용 표현이지. 답답한 사정이 있어도 남에게 말하지 못하고 괴로워하는 상황을 말하는 '벙어리 냉가슴 앓듯', 일부만 가지고 전체를 말하는 어리석음을 뜻하는 '장님 코끼리 만지듯'도 쓰지 말아야 할 표현들이야.

비교적 최근에 등장한 '결정 장애'나 '선택 장애' 같은 표현도 잘 들여다볼 필요가 있어. 이 말들은 뭔가를 선택해야 하는 상황에서 선뜻 결정을 못하는 걸 장애로 표현하고 있어. 무언가를 잘 못하는 상황을 장애에 비유하는 이런 표현에는 장애를 열등한 것으로 보고 비하하는 태도가 숨겨져 있지.

다시 벙어리장갑에 대한 이야기를 해 볼까? 아직까지 우리나라 표준국어대사전에는 벙어리장갑이 표준어로 올라가 있어 (2025년 기준). 사전에서는 '벙어리'를 '언어 장애인을 낮잡아 이르는 말'이라고 적고 있지만 '벙어리장갑'에는 장애인을 낮춰 본다는 식의 표현이 적혀 있지 않아. 더 큰 문제는 공공기관 등은 공문서를 쓸 때 어문 규범에 맞춰 한글로 작성해야 하기 때문에 벙어리장갑이라는 표현을 합법적으로 사용할 수밖에 없다는 점이야. 우리가 일상에서 벙어리장갑이 아닌 '손모아장갑'이나 '엄지장갑'을 많이 써서 사회 전체가 이 말을 자연스럽게 받아들인다면, 그땐 사전에서도 이 말들을 보게 되지 않을까?

○○들 무시무시하잖아

나 어제 이태원 갔었는데 사람 엄청 많더라.

정말? 분위기 어땠어?

독특한 음식점들도 많고, 패셔니스타들도 엄청 많았어.

재밌었겠다. 근데 거기 흑형들 많아서 무섭지는 않았어? 진혁이 너 흑형들 보면 무섭다고 했잖아.

너무 그렇게 말하지 마, 착하고 순한 흑형들도 많거든.

친근감일까? 아니면, 비아냥일까?

서울 이태원에 다녀온 진혁이. 재미있었는지 친구들을 만날 때마다 자랑을 늘어놓았다고 해. 그런데 두 사람의 대화가 조금 이상하지? 이상하지 않다고? 혹시 여러분도 흑인을 '흑형'이나 '흑누나'라고 부르는 데 너무 익숙해진 거 아니야?

요즘 온라인상에서는 흑인을 흑형이나 흑누나라 부르는 친구들이 참 많지. 꼭 인터넷 세계가 아니어도 일상에서 흑인이 지나가면 "저 흑형 좀 봐."라고 친구에게 속삭여 본 경험이 있을지 모르겠다. "흑인 형들이 덩치도 크고 멋져서 친근하게 부른 것뿐인데 그게 왜 문제가 된다는 거죠?" 하고 되묻는 친구들도 있겠다 싶어. 한번 생각해 봐. 말한 사람은 선한 의도로 내뱉었다고 해도 듣는 이 입장에서 기분이 나쁘다면, 어느 쪽 입장을 더 생각해 볼 필요가 있을까? 의도가 있어도 문제지만, 의도가 없어도 누군가의 기분을 상하게 했다면 그 말은 안 하는 게 맞겠지.

흑형이라는 말과 관련해서는 콩고민주공화국 출신의 방송인이자 유튜버 조나단 씨의 이야기를 귀 기울여 들어 볼 필요가 있어. 그는 한 방송 프로그램에 출연해 한국에서 겪은 불편한 일들에 대해 이렇게 이야기했어.

"지하철을 탔을 때 옆에 앉아 계신 힐머니시가 제 손을 만지더니 '어라? 안 묻네'라고 하셨어요. 무척 상처였죠. 사실 흑인이다 보니까 '흑' '검다'는 말이 들어간 단어에 예민해요. 흑인에게 흑형이라고 하는 건 한국 사람에게 조센징이라고 하는 것과 같다고 생각해요."

그가 말한 조센징이란, 조선 사람을 뜻하는 조선인(朝鮮人)의 일본식 발음으로 일제강점기를 거치면서 한국인에 대한 비하와 멸시의 의미로 쓰이는 표현이야.

그런데 흑형이라는 표현은 어떤 배경에서 나온 걸까? '흑인 형아'의 줄임말인 흑형은 온라인상에서 흑인들이 운동도 잘하고 음악적 감각도 뛰어나다는 의미에서 생겨난 신조어로 알려져 있어. 특정 인종에 대한 비하가 아닌 장점을 칭찬한 건데 그게 왜 문제가 되느냐고?

칭찬을 담은 표현이라 할지라도 중요한 건 발화자, 즉 이 말을 한 사람의 의도가 아니라 청자, 즉 듣는 흑인의 감정 아닐까. 게다가 흑인이라고 누구나 운동을 잘하는 것도 아니고, 음악성이 뛰어난 것도 아니거든. 결국 흑형, 흑누나란 표현 안에는 흑인에 대한 철저한 대상화, 타자화 시선이 전제돼 있지.

흑인 중에도 다양한 사람들이 있을 텐데 왜 모든 흑인이 운동을 잘하고, 음악적 감수성이 풍부할 거라고 생각할까? 그리고 '황형' '백형'이란 말은 쓰지 않잖아. 흑인에게만 굳이 흑형이라는 말을 쓰는 것부터가 좀 이상하지. 우리 안에 흑인을 조금 다르게 바라보는 시각이 있는 건 아닐까? 사람마다 다양한 면이 있을 텐데 누군가의 피부색만을 콕 집어 그를 납작한 존재로 만들어 버리는 건 아닌지도 생각해 볼 필요가 있지.

뿌리 깊게 새겨진 인종차별

인종을 근거로 다른 이들을 차별하거나 차별하는 시선을 두고 '인종차별' 또는 '인종주의'라고 해. 나와 다른 인종은 나보다 못하다는 생각이 밑바탕에 깔려 있는 걸 말하지.

흑인에 대한 백인의 인종차별이 대표적이야. 미국은 민주주의가 가장 발달했다고 하지만 불과 150년 전까지만 해도 노예 제도가 엄연히 존재했어. 1800년대 미국 남부에 목화 사업이 급격히 발달하면서 일손이 부족해지자 농장 주인들은 노예 상인들을 통해 아프리카에서 흑인들을 노예로 데려오기 시작했어. 백인 대부분은 흑인들을 야만적인 인종이라고 생각했고, 노예로 부리는 것을 당연하게 여겼기 때문에 죄책감을 느까지 않았지. 노예 제도는 공식저으로는 1865년에 폐지됐지만 흑인에 대한 편견과 차별은 여전히 남아 있어. 흑인이 우리와 뭔가 다르다는 인식 말이지. 이런 인식은 미국뿐 아니라 세계 곳곳에서 볼 수 있어.

지난 2018년 명품 브랜드 프라다는 검은 얼굴, 빨간색 입술의 원숭이 모양 열쇠고리를 출시해 흑인을 희화화했다는 여론의 질타를 받았어. 원숭이는 흑인 등을 비하하는 표현으로 알려져 있거든. 프라다 측이 이 액세서리를 매장에 진열까지 하면서 보이콧 현상이 전 세계로 확산되기도 했어. 보이콧이란, 사회·정치적인 이유로 비롯된 일종의 항의 표현이야. 패션 분야의 인종차별 논란은 이뿐만이 아니야. 브랜드 구찌도 검정 피부, 두꺼운 입술 등 흑인을 연상시키는 디자인의 티셔츠를 패션쇼에 선보여 여론의 뭇매를 맞은 바 있어.

눈에 보이는 게 전부가 아니므로

"차별? 나는 경험한 적 없고, 앞으로도 없을 거야!" 이렇게 말하는 이가 있을지 모르지만, 이는 거의 불가능한 일일 수 있어. 해외여행만 가 봐도 차별적 시선을 느낀 적 있다는 사람들이 얼마나 많은데.

뉴스에서 우리나라 유명인들이 겪은 인종차별 사례도 자주 볼 수 있어. 해외 축구 경기 당시 관중석에서 손흥민 선수를 향해 양손으로 눈을 찢는 동작을 취하는 등 동양인 비하를 한 관중도 있었어. 제77회 칸 국제영화제에선 우리나라 배우 임윤아 씨가 한 경호원으로부터 과도하게 제지를 당해 인종차별 논란이 일었어. 이때 제지를 당한 이들 중엔 아프리카계 미국 가수 켈리 롤런드, 우크라이나 출신 모델 사와 폰티이스카 등이 있었는데 이들 모두 비백인이었지. 사와 폰티이스카는 결국 주최 측에 10만 유로를 배상하라는 소송을 제기했다고 해.

우리에게 상대적으로 친근한 유명인들이 인종차별을 당한 사례들을 보면 우리가 흑인을 '흑형'이라고 부르거나 중국 음식을 시킬 때 '짱개'라고 말하는 게 왜 상대 입장에서 불편할 수 있을지 이해가 가지?

다른 인종을 만났을 때 피부색이나 언어처럼 나와 다른 점이 먼저 눈에 띄는 건 사실일 거야. 하지만 그 전에 먼저 공통점부터 찾아보는 노력을 하면 어떨까? 그 역시 사랑하는 가족과 친구, 취미, 장래희망이 있고 여러분과 다를 바 없는 인격체라는 사실을 기억했으면 좋겠어.

그건 ○○○○ 정책에 불과합니다

한쪽으로 기울어진 기준

한 학교에서 급식 먹는 순서와 관련해 학생들끼리 토론하는 자리가 마련됐어. 그런데 사회자가 말실수를 했지. 다음 날 학교 방송에서 사과를 했다는데, 대체 어떤 말 때문에 사과를 한 걸까? 만화 속 토론 내용을 살펴보면 걸리는 표현이 있지? 그래, 바로 '절름발이 정책'이라는 표현!

절름발이란, 한쪽 다리가 짧거나 다쳐서 걷거나 뛸 때 몸이 한쪽으로 자꾸 가볍게 기우뚱거리는 사람을 낮잡아 이르는 말이야. '절름발이 정책'은 '균형을 이루지 못한 정책' '완전하지 못한 정책' '정상적이지 않은 정책'이라는 뜻의 관용 표현으로 신문이나 방송 등 미디어에서 많이 쓰이고 있지. 이 표현을 쓰는 이들은 '불균형' '불완전' '비정상'을 말하려는 의도에서 이 표현을 썼을 거야. 그런데 잘 생각해 보자. 절름발이를 불완전하고 비정상적이라고 말할 수 있는 기준은 뭘까? 절름발이가 아닌 사람을 정상이라고 말할 수 있는 근거가 있을까?

"우리 정상인들이 여러분께 관심을 두고……." 정치인들이 장애인들을 만난 자리에서 이런 식의 발언을 해서 문제가 된 사례도 있어. 이렇게 말하면 '장애인'은 곧 '비정상인'이라는 의미가 되지. 정상인과 비정상인을 가르는 기준이 뭘까? 한 예료 한쪽 다리가 짧거나 디쳐서 불편하면 비정상인이고, 그렇지 않으면 정상인인 걸까?

생물학적 관점에서는 장애가 있는 사람과 없는 사람이 모두 존재한다는 사실 자체를 정상적인 것으로 보기도 해. 생물학적으로 장애가 없는 사람만 존재하는 사회는 없거든. 장애가 없는 사람들로만 채워진 사회만을 정상이라고 본다면, 그것 자체가 우리 사회의 다양성을 훼손하는 태도지.

신체 어디라도 불편한 사람들을 '장애인'이라 한다면, 언젠가는 모든 사람이 장애인이 될 수밖에 없어. 나이가 들면 누구나 신체 기능과 인지 능력이 전보다 떨어질 수밖에 없으니까. 자, 이렇게 보면 장애인을 뭔가 부족하고 비정상이며 불완전한 존재로 바라보는 시각이 논리에 맞지 않다고 할 수 있겠지?

▛ 중립인 듯 중립 아닌 '비중립' 표현 ▜

우리 사회에서 장애인과 관련한 표현들이 여러 번 논란이 된 바 있어. 한때는 장애인을 '장애우(障碍友)'로 부르자는 목소리도 있었는데 장애인 관련 단체들에서 장애우가 아닌 장애인을 써야 한다고 캠페인을 벌이면서 지금은 많은 사람이 장애인이라는 표현을 쓰고 있지.

왜 그랬느냐고? 장애인 입장에서 장애우라는 표현을 들으면 차별받는 느낌을 받을 수 있기 때문이야. 장애인은 장애를 가진 사람이란 뜻의 중립적 표현이지만, 장애우는 비장애인의 입장에서 장애인을 다른 집단으로 보고 만든 비중립적 표현이거든. 더구나 이 말은 장애인 본인이 1인칭으로 사용하기 어려워. "저는 장애우입니다."라고 말할 경우, 자기 자신이 친구(友)라는 의미가 되잖아. 관점 자체가 장애인을 주체가 아닌 '대상'으로 보고 있지.

한편 "장애를 극복했습니다"처럼 장애를 인간이 이겨 내고, 벗어나야 하는 것으로 표현하는 것도 장애인에 대한 선입견을 키울 수 있어. 장애를 단지 비장애인과의 차이에 불과하다 여기며 살아가는 장애인들에게 자기 정체성을 부정하는 표현이 될 여지도 있지.

"장애인치고 옷 잘 입네!" 이런 표현은 어떨까? 여기서 '~치고'는 '그중에서는 예외적으로'라는 의미를 나타내는 보조사야. 그러니까 이 말은 '장애인 중 예외적으로 옷을 잘 입었다.'라는 의미로 해석할 수 있지. 상대는 칭찬의 의미로 한 말일지 모르지만, 그 밑바탕에 장애인과 비장애인을 구분하는 태도가 보이지?

"참 안됐어. 어쩌다가 저렇게 됐을까?" 하고 장애인을 보며 혀를 차는 이들도 있어. 이른바 '동정' '연민'의 시선으로 장애인을 바라보는 거지. 그런데 잘 생각해 봐. 장애인을 불쌍하게 볼 권리는 그 누구에게도 없어.

미디어에서도 장애인의 삶을 왜곡하는 표현이 나올 때가 많아. 최근에는 래퍼들이 나오는 힙합 경연 프로그램을 보면서 고개를 갸웃한 적이 있었어. 래퍼들이 노래하다 가사를 까먹는 등의 실수를 했을 때 "절었어요." "가사를 절어서 망쳤어."라고 표현하더라고. "노래하는 중에 박자를 놓쳐 발음이 꼬였고, 그래서 노래를 완벽하게 하지 못했다."는 의미인 것 같은데 왜 굳이 '절었다.'는 표현을 쓴 걸까? 이 말이 '다리를 절다.'에서 나온 거라면 장애인 비하의 한 예로 볼 수 있겠지.

차별 표현은 종종 유머로 포장되기도 해. "안 본 눈 삽니다." 많은 사람이 '보기 싫은 것' '민망한 것'을 봤을 때 이 표현을 장난처럼 쓰곤 하지. 얼핏 재치 있다고 생각할 수도 있지만 시각 장애인이 이 말을 접했다면 어떤 기분일까? 그 밖에 우리가 잘 쓰는 말 중에 재미에 가려져서 잘 보이지 않았던 장애 관련 차별 표현이 더 있진 않은지 함께 찾아봐도 좋을 것 같아.

장애인과 인종을 비하하는 말들

이런 말은 아파요!

파박!

나와 조금 다를 뿐인데, 상대를 낮춰 보거나 조롱하는 듯한 느낌의 표현을 쓰는 이들이 꽤 많지. 왜 그랬느냐고 물어보면 아마 많은 사람이 '잘 몰라서' '습관적으로' 쓰게 됐다고 말할 거야. 그런데 습관은 고칠 수 있잖아. 힘들더라도, 의식적으로 이런 표현을 안 쓰려고 노력해 보면 어떨까?

병신, 빙신, 애자

⇨ 장애인을 비하하는 대표적인 표현이야. 나도 모르게 일상적으로 이런 표현을 쓰고 있지는 않은지, 한번 되돌아봤으면 해.

쪽발이들, 양키놈들, 똥남아들

⇨ 각각 일본인, 백인, 동남아인을 비하하는 대표적인 표현이야. 여러분이 해외여행을 갔을 때 이런 비하 발언을 들었다면 기분이 어떨까? 입장을 바꿔서 생각해 보자.

3장

이상한 정상 이름을 찾아서

남자니까, 여자니까, 어리니까, 나이가 많으니까……. 성별이나 나이에 따라
다른 사람을 규정하고, 옭아매는 표현들. 이런 표현들을 앞세운 근거 없는
주장 탓에 누군가의 가능성 그리고 꿈과 권리가 짓밟힌 건 아닐까?
이번 장에서는 일상에 뿌리내린 고정관념을 살펴보면서 '나답게' 살아가고
서로를 존중하기 위해 필요한 노력에 관해 이야기해 보자.

○○○이 이런 거
하나 번쩍 못 들고

정호는 어디 갔어?

두리번   두리번

방에서 쉬고 있어요.
낮에 박스 같이 날랐더니 피곤한가 봐

아이고

사내놈이 그거 좀 했다고 계집애처럼
비실비실해서 어디다 써?
에휴, 저녁이나 차려.

=3

오늘은 배달음식 시켜 먹어요.
나도 힘들어.

아이고~~

그깟 짐 정리 좀 했다고
힘들어? 당신이나 정호나
쯧.....

여자답게? 남자답게? 누가 정한 걸까?

이사를 앞둔 정호네 집. 포장 이사를 하기로 했지만 엄마는 본인 손으로 그릇을 정리해 두고 싶어 정호에게 도와 달라고 부탁했어. 그릇 개수가 많기도 하고, 깨질까 봐 조심조심 하다 보니 정리하는 게 쉽지 않았지. 정호는 피곤이 쌓여 어느새 잠이 들고 말았어. 그랬더니 평소 아들의 체력이 약한 걸 못마땅해하던 아빠가 한마디 하셨어.

"사내놈이 그거 좀 했다고 계집애처럼 비실비실해서 어디다 써?"

정호 아빠의 말에는 우리 사회의 오랜 고정관념이 담겨 있어. 남성과 여성이 성별에 따라 서로 다른 특성과 능력을 갖고 있기 때문에 행동이나 태도도 달라야 하고, 일을 수행함에 있어서도 각각의 역할이 달라야 한다는 고정관념이지.

이를 두고 '성역할 고정관념'이라고 해. "남자니까 넓은 마음으로 이해해야지." "남자는 입이 무거워야지." "남자는 태어나서 딱 세 번 운다." "남자가 경제력이 있어야지." 기성세대 중에는 이런 식으로 남성에게 정해진 행동과 태도, 역할이 따로 있다고 규정하는 이득두 많아.

사실 우리 사회는 역사적으로 성별에 따른 고정관념이 유독 심한 사회였어. 남자아이한테 로봇, 총, 자동차 장난감을 사 주고, 여자아이한테 마론 인형, 가방, 머리핀 등을 사 주는 문화가 만연했던 것도 그런 이유에서였지.

남자아이가 울거나 나약하게 굴면 "뚝! 남자가 왜 울어!"라고 말하고, 여자아이가 너무 씩씩한 모습을 보이면 "얌전히 있어야지!"라는 식으로 말하는 사람들도 많았어. 요컨대 성역할 고정관념에 따라 남성은 강인함, 적극성, 독립성을, 여성은 연약함과 온유함을 상징하고 그에 맞게 행동해야 한다고 강요하는 문화가 퍼져 있었던 거지.

옷을 살 때도 마찬가지였어. 아이가 태어나면 남자아이한테는 파란색, 여자아이한테는 분홍색 옷을 사 주는 걸 당연하게 여겼지. 하지만 지금은 핫핑크 컬러나 레이스 장식이 달린 옷을 입는 남자들도 많아. 최근 몇 년 동안 여성복 패션 트렌드 중 하나는 남성 수트 느낌의 오버핏 재킷을 입는 거였어. 이렇게 성별 구분이 사라진 패션을 두고 '젠더리스 룩(Genderless Look)'이라고 부르기도 해.

다시 정호 아빠 이야기로 돌아가 볼까? 정호 아빠의 말대로라면 남자들은 다 힘이 세야 하잖아. 하지만 모든 남자가 힘이 세고 건강한 건 아니지. 또한 여자들 중에도 힘이 세고 건강한 사람들이 얼마든지 있어. 힘이 세고 안 세고는 개인차일 뿐인데 굳이 성별에 따라 이를 구분할 필요는 없겠지.

고정관념 vs. 고정관념

정호 아빠가 했던 말을 다시 잘 보면 '계집애=비실비실하다'는 고정관념도 보여. '계집애'는 여자아이를 낮잡아 부르는 말이야. 그리고 '비실비실'은 '힘이 없어서 자꾸 흐느적거리는 모양' 또는 '실없이 웃음을 흘리는 모양'을 나타내는 말이고.

두 말의 뜻을 헤아려 보면 정호 아빠의 말은 곧 '어린 여자애들은 힘이 없고, 실없이 웃음을 흘리고 다니는' 존재여야 하는 거지. 그리고 정호 아빠의 머릿속에는 정호처럼 남자가 이런 태도를 보이면 뭔가 큰 문제가 된다는 식의 편견이 숨어 있기도 해.

"저녁이나 차려."

아빠가 엄마에게 툭 내뱉은 이 말에서도 시대착오적인 생각과 태도가 느껴져.

과거에는 '바깥일은 남자가, 집안일은 여자가' 해야 한다는 성역할 고정관념이 공고하게 자리잡고 있었지. 하지만 이것도 옛날 얘기가 되고 있어. 통계청에 따르면 2023년 우리나라에서 육아를 전담한 남성은 1만 6000명이나 됐어. 이는 전년도인 2022년(1만 2000명)보다 4000명(37.4퍼센트) 증가한 수치라고 해. 관련 통계 작성이 시작된 1999년 6월 이후 연간 기준 역대 가장 많은 규모지. 우리나라에서 육아를 전담하는 남성은 2013년 6000명에서 2019년 9000명, 2021년 1만 3000명으로 증가 추세를 보이는 중이야.

한편 우리나라 여성의 경제활동참가율은 2011년 49.8퍼센트에서 2013년에 50.3퍼센트, 2019년 53.5퍼센트 등으로 늘고 있어. 2023년 여성의 경제활동참가율은 55.6퍼센트로 관련 통계 작성 이후 역대 최고치를 기록했고. 이런 변화를 보면 가정 내 각각 여성, 남성이 해야 하는 일이 정해져 있는 게 아니라 각 가정 및 개인의 상황, 성향에 따라 각자의 역할을 하면 된다는 생각이 들지.

'나답게' 살아가는 세상을 향해

사실 남성과 여성 각각 특성에 따라 해야 할 일이 정해져 있다면 지금 남성들이 하고 있는 일 중 어떤 것들은 남성이 하면 안 되는 일이었을 거야. 남성 항공 승무원을 예로 들어 볼게. 승무원은 비행기를 탄 고객들에게 여러 서비스를 제공하는 서비스 업무를 해야 해서 고도의 섬세함, 순발력 등이 필요하거든. 성역할 고정관념에 따르면 이 일은 여성에게 더 잘 맞는 일임에도 요즘은 많은 남성이 이 분야에 진출해 있지.

성역할 고정관념에 따라 마치 여성의 영역처럼 보였던 뷰티 분야에서도 남성들이 활약하는 사례가 많아. 자, 이쯤 되면 성별에 따른 능력이나 태도가 정해져 있지 않다는 걸 알겠지?

"사내놈이 사람들 앞에서 질질 짜고 난리야!"

이 말이 왜 문제가 되는지 알고 설명할 수 있다고? 그렇다면 여러분을 '고정관념 따윈 없는 사람'이라고 부르도록 할게.

○○니까
행동 조심해야지

일상에 단단히 박혀 버린 어떤 기준

친척들과의 가족 여행을 앞두고 맘에 드는 옷을 사 온 정현이. 그런데 치마가 짧다는 이유로 엄마와 다툼이 벌어졌어. 정현이는 "옷 입는 건 내 자유이고, 입는 내가 편하고 좋으면 된 거 아니냐."는 입장이야. 반면 엄마는 "친척 어른들 보기에 여자아이가 개방적으로 보이는 게 좋지 않다."고 생각하는 거고..

어때? 정현이 엄마 머릿속에 "여자는 이래야 한다."는 성역할 고정관념이 자리하고 있는 것 같지? "사내놈이 그거 좀 했다고 계집애처럼 비실비실해서 어디다 써?" 이렇게 말했던 정호 아버지처럼 말이야. 개인의 특성은 무시한 채 "남성은 이래야 하고, 여성은 이래야 하고."라는 식으로 성별에 따라 천편일률적으로 행동과 태도의 기준을 들이대는 걸 '성역할 고정관념'이라고 한다는 거 기억하지?

정현이 엄마는 다음과 같은 사고의 흐름으로 딸에게 잔소리를 퍼부었을 가능성이 커. "짧은 치마를 입으면 지나치게 개방적인 아이로 보일 거다. 사람들 중엔 그런 아이들을 쉽게 보는 이들도 있다. 그러니 애초에 짧은 치마는 안 입는 게 좋다. 여자가 먼저 조심해야 한다. 여자는 그저 조신해 보이는 게 사건과 사고를 일으키지 않는 길이다." 아마도 이런 사고를 하기까지는 정현이 엄마 역시 자신의 윗세대로부터 성역할에 대한 편견과 고정관념으로 둘러싸인 갖가지 태도를 교육받아 왔을 거야.

성역할 고정관념에 따른 억압들

앞 장에서도 이야기했듯 우리 사회는 성역할 고정관념에 따라 여성을 순종적이고, 의존적인 존재라는 식으로 규정해 왔고, 이는 여성들을 억압하는 일종의 명분이 되어 왔어. 과거 보수적인 가정에서는 남자들이 식사하는 큰 밥상, 여자들을 위한 작은 밥상이 따로 구분돼 있었다고 해.

1990년대 텔레비전 드라마에는 이런 장면이 심심치 않게 등장했어. 집안의 남자들은 큰 상에 여유롭게 둘러앉아 식사하는데, 여자들은 늘 남자들 밥을 먼저 차려 주는 거야. 남자들이 수저를 들고 먹기 시작하고서야 그 옆에 겨우 놓일 만한 작은 상에 여자들이 빼곡하게 모여 앉는 식이었지. 이제 좀 밥을 먹으려는데 "물!" 하고 아빠가 말하면 엄마는 반찬을 집으려다 말고 후닥닥 부엌으로 달려가 한달음에 물을 가져오기도 했지.

이런 문화가 하루아침에 생겨난 건 아닐 거야. 민주주의가 최초로 시작된 고대 그리스로 거슬러 올라가 보면 당시 여성은 집안일 돌보는 사람 정도의 취급을 받았다고 해. 한편 14~15세기 중세 유럽에서 여성은 미성년자 취급을 받기도 했어. 언제나 남성의 보호 아래 있어야만 하는 존재였지.

이는 우리나라도 마찬가지였어. 남자는 높고 귀하게 여기고 여자는 낮고 천하게 여긴다는 '남존여비(男尊女卑)' 사상이 최절정이던 조선 중기로 한번 가 볼까? 이 시대에는 아내가 내쫓김을 당할 수 있는 일곱 가지 사항을 적은 '칠거지악(七去之惡)', 여자가 따라야 할 세 가지 도리를 말하는 '삼종지도(三從之道), 아내는 반드시 남편의 뜻을 좇아야 한다는 의미의 '여필종부(女必從夫)' 같은 관습이 있었어. 이뿐만이 아니야. 집안일에 대해 여자가 자기주장을 강하게 내세우면 재수가 없고, 여자는 집 밖 일에도 간섭하지 않는 걸 미덕으로 여겼지.

여자가, 여자가

여성을 남성에게 종속된 존재, 남성보다 부족한 존재로 규정했던 보수적인 문화가 너무 깊숙하게 뿌리를 내린 탓일까?

아직도 우리 사회에선 여자가 자기 분야에서 뛰어난 능력을 발휘하면 이런 소리를 하는 사람들을 심심치 않게 만날 수 있어. 어떤 말이냐고?

"여자가 너무 기가 센 거 아냐?"
"여자가 너무 나대는 것 같아."

충분한 능력을 갖췄음에도 조직에서 여성이란 이유로 고위직으로 승진하지 못하는 여성 리더들도 많아. 참 보수적이지. 이를 '유리 천장(Glass ceiling)'이라고 해. 현대 직장 여성들이 승진의 사다리를 오를 때마다 일정 단계에 이르면 부딪혀 막히게 되는, '보이지 않는 장벽'을 뜻하는 말이야.

시대가 변했다고 하지만 여전히 우리 사회에는 여자니까 이래선 안 된다며 행동을 제약하는 말이 참 많아. "여자가 무슨 축구냐? 그러다 다친다." "여자가 뭐 그리 험한 일을 해." "여자가 남편 내조를 잘해야 가정에 탈이 안 생긴다." 등등 찾아보면 수도 없이 많아.

우리가 매일 접하는 텔레비전 뉴스나 신문에서도 남성 중심적 사고는 쉽게 찾아볼 수 있어. 남성, 여성 상관없이 누구나 할 수 있는 일임에도 '여기자' '여배우' '여교사' '여교수' 등으로 누군가의 직업 앞에 여성을 붙여 부르는 것도 사실상 남성 위주 문화라고 할 수 있지. '남기자' '남배우' '남교사' '남교수'라고 부르는 사람은 거의 없으니까. 실제로 한 배우는 이런 발언을 한 적도 있어.

"현장의 꽃은 여배우라는 말이 있는데, 여배우는 왜 꽃이 되어야만 하나요? 여배우가 아닌 '배우'로 불리고 싶어요."

'개념 발언' '개념 배우' 등 많은 이들이 이 배우를 향해 응원과 지지를 보냈어. 그런데 이 일화를 들으면 마음 한편이 조금 씁쓸해지기도 해. 지극히 당연한 말인데 왜 우린 이제야 박수를 보내고 있을까? 전에는 왜 아무도 이런 말을 할 수 없었던 걸까? 아니, 어쩌면 오래전부터 누군가 외쳐 왔음에도 귀 기울여 듣는 사람이 없었던 건 아닐까?

모든 사람은 동등하다는 인식에서부터

다행히 요즘 학교와 교육기관 안팎에서 "성평등·성인지 교육이 필요하다."라는 목소리가 높아지고 있어. 성평등이란, 모든 이들이 성별에 근거하여 차별받아서는 안 되고, 공평하게 대우받을 권리가 있다는 개념을 뜻해. '모든 개인은 인격, 존엄성, 가치와 기본권에서 동등하다.'라는 만인평등사상에 기초한 개념이지.

우리가 흔히 쓰던 표현을 성평등 관점에서 바꾸는 시도도 일고 있어. '유모차'를 '유아차'로 바꿔 부르는 현상이 대표적이야. '유모차(乳母車)'에는 '어미 모(母)'자만 들어가거든. 아빠라고 유모차를 끌 수 없는 건 아니기 때문에 평등 육아 시대에 맞지 않다는 지적이 나왔어. 그런 의미에서 아이를 중심으로 한 '유아차(乳兒車)'로 부르는 이들이 많아졌어.

비슷한 이유로 '녹색어머니회'를 다른 표현으로 바꿔 보자는 의견도 있었어. 녹색어머니회는 아이들 등하굣길 안전을 위해 통학로에서 교통안전 봉사 활동을 하는 경찰청 소속 단체를 뜻하지. 그런데 이 단어는 교통지도 활동을 하는 사람을 어머니로만 한정 짓고 있어. 아버지 또는 할머니, 할아버지 등 다른 가족 구성원도 참여할 수 있는 일일 텐데 말이야. 이와 관련해 2021년 경기도가 진행한 '성차별 언어 개선' 공모에서는 '등굣길 안전지킴이' '등굣길 안전도우미' 등이 대체어로 선정되기도 했어. 어때? '등하굣길 교통안전 봉사 활동'이라는 일 자체에 주목한 적절한 표현들로 보이지? 우리가 기존에 써 왔던 표현들 중 성평등 관점에 어긋나는 것이 보인다면 이렇게 적절한 대체어를 적극적으로 고민해 보자고 제안하고 싶어.

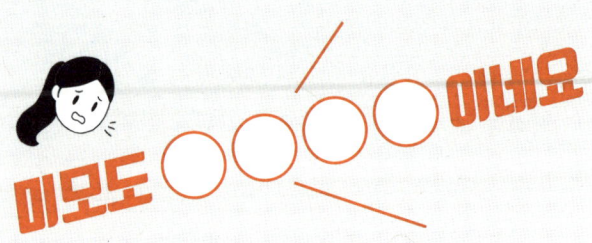 미모도 ○○○○○ 이네요

외모는 또 하나의 스펙이다?

스포츠를 좋아하는 친구 둘이 축구 경기를 보면서 나눈 대화야. 우리나라가 올림픽에서 금메달을 따고 상위권에 진입했으면 하는 바람이 담겨 있긴 한데 다소 불편한 표현들이 있지? 이 두 사람은 여자 운동선수를 외모로 평가하고 있어. "미모도 금메달." "날씬한 게 완전 명품 몸매더라."라니, 무척 거슬리는 표현들이지.

운동선수한테 가장 중요한 건 뭘까? 운동 실력이겠지. 그런데 언젠가부터 우리나라 신문에서는 기사 제목이나 내용에 '○○선수 미모도 금메달감' '○○선수 연예인보다 더한 명품 몸매로 해외 팬들 주목' 등의 표현을 쓰는 경우가 많아. 운동선수라면 그 선수의 실력에 주목하면 되는 건데 실력에 더해, 때론 실력은 뒤로 젖혀 두고 외모에만 주목하는 거지.

지난 2018년 평창동계올림픽 컬링 여자 예선 중계방송에서 한 캐스터가 "컬링은 (선수가) 화장하고 나오잖아요. 지저분한 모습보다는 깔끔한 게 낫지 않을까요?"라고 말한 일도 있었어. 화장한 여성이 곧 깔끔한 여성이라는 식으로 외모에 대한 고정관념을 조장해 비판을 받았지.

이렇게 사람들이 많이 접하는 미디어에서 외모가 어때야

한다는 등 고정관념을 퍼트리고, 어떤 미의 기준이 절대적인 양 말하다 보면 외모가 세상에서 가장 중요한 가치라는 인식이 사람들 머릿속에 자리 잡을 수 있어.

이를 두고 '외모 지상주의'라고 하지. 인생을 살아가거나 성공하는 데 외모를 제일 중요한 가치로 여기는 사고방식을 말해. 다른 말로 '루키즘(lookism)'이라고 부르기도 하지. 'look'과 'ism'을 합성한 말인데 윌리엄 새파이어라는 칼럼니스트가 2000년 〈뉴욕타임스〉에 인종·성별·종교·이념 등에 이어 새롭게 등장한 차별 요소로 지목하는 칼럼을 쓰면서 주목을 받기 시작했다고 해.

잘 생각해 보면 '미모도 금메달감'은 참 어색한 표현이야. '미모'란 아름다운 얼굴이나 모습을 뜻하는 말이야. '금메달'은 금으로 만들거나 금으로 도금한 메달을 뜻하는 말로, 주로 운동 경기나 그 밖의 각종 대회에서 우승한 사람에게 주는 상을 의미하지. '사람의 모습'을 뜻하는 말에 '경쟁에서 승리해 받는 상'이라는 말이 더해지자 '미모 경쟁에서 승리한 사람'이라는 의미가 됐어.

그런데 미모라는 게 금메달이 걸린 대회에서처럼 객관적으로 우열을 평가할 수 있는 걸까? 그렇진 않지. 아름다움과 예쁨의 기준은 사람마다 다르잖아.

"그럼 '미스코리아 대회'는 어떻게 되는 건데요?"

이러한 궁금증을 가질 수도 있어. 미스코리아 대회의 경우 여성에 대한 고정된 미의 기준을 강조하고, 성을 상품화했다는 이유로 비판하는 사람들이 많아. 그래서 '안티 미스코리아 운동'이 일어난 적도 있지. 여러 가지 논란과 비판의 중심에 놓였던 미스코리아 대회는 없어지지 않고 계속되고 있어. 대신 공중파 텔레비전에서 떠들썩하게 방송하던 과거와는 달리, 굳이 관심을 갖지 않는다면 대회를 했는지조차 모를 정도로 주목도가 떨어졌지.

가치 판단의 기준을 어디에 둘 것인가

이번엔 '명품 몸매'라는 표현에 대해 살펴보자. 몸매 역시 사람의 모습을 뜻하는 말이야. 이 말에 '뛰어난 물건'이라는 뜻의 '명품'이라는 단어가 붙었어. 어때? 왠지 사람의 몸을 물건처럼 여기는 것 같지? 게다가 '명품 몸매'라는 말 앞에 '날씬한 게'라는 표현이 붙은 것도 이상해. 이 맥락에 따르면 마치 날씬하지 않으면 가치가 없는 사람처럼 느껴지기 쉽지.

'베이글녀 ○○씨.'

'명품 초콜릿 복근을 소유한 뇌섹남!'

이렇게 사람의 외모에만 방점을 찍고 평가하는 단어들은 미디어에서 흔히 발견할 수 있어. 각종 예능 프로그램을 보면 흔히 예쁘거나 잘생겼다고 알려진 연예인은 필요 이상의 자막과 특수 효과를 써서 부각해 주지만, 상대적으로 그렇지 않은 연예인한테는 인격적으로 모욕하고 희화화하는 사례도 많아. 웃음을 자아내기 위한 설정일 수도 있지만 마냥 마음 편히 웃어넘길 수 없는 대목들이 분명히 있지.

미디어에서 이런 식의 외모 지상주의가 거대한 풍토로 자리를 잡으면서 우리 일상에서도 외모를 가치 판단의 기준으로 삼는 현상이 심화되는 것 같아. 한 예로 20~30대 취업 준비생들에게도 외모는 또 하나의 스펙이 된 지 오래라고 해. 외모 탓에 1차 서류 심사에서 탈락하는 경우도 있기 때문이지. 그래서 자기소개서에 사진을 붙이는 것부터가 외모에 대한 차별이라고 비판하는 사람들도 있어.

외모를 중시하는 건 결혼 문화에서도 마찬가지야. 어떤 결혼 정보 업체에는 이런 내부 기준이 있을 정도라고 해.

"키 165센티미터 이상, 안경 미착용자, 몸무게 50킬로그램 이하여야 최고 등급의 결혼 배우자감이 될 수 있습니다."

외모로 사람을 평가하거나 차별하는 일은 남성보다는 여성을 향하는 경우가 많아. "여자는 예쁘면 돼." "여자는 외모가 무기야!" 등 여성을 외모로 평가하는 발언들은 쉽게 만나 볼수 있지. 왜 그런 걸까? 우리 사회가 그만큼 여성을 '외모로만' 평가해도 되는 존재로 아주 낮춰 보고 있다는 의미 아닐까?

○○○, 집에서
운전이나 할 것이지

여자라서, 여자이기 때문에 '원래' 못한다고?

　오랜만에 나들이를 떠난 하영 씨 가족. 앞 차 운전자에 대한 남편의 한마디에 가족들 사이에는 냉기가 돌기 시작했어. 계속되는 경고에도 남편이 '김 여사'라는 말을 반복하자 하영 씨는 급기야 화를 냈다고 해. "그런 말 자꾸 할 거면 차 돌려!"

　'김 여사'는 중년의 여성 운전자를 비하하는 말이야. 운전자가 여성인지 남성인지 확인도 안 한 채 운전에 서툰 사람만 보면 무조건 '김 여사'라고 부르는 이들도 있다고 해. 2012년에 화제가 된 '좌회전 김 여사' 사건도 그중 하나야. 당시 한 인터넷 커뮤니티 사이트에 '좌회전 김 여사'라는 제목으로 영상이 올라온 적이 있었거든. 영상을 보면 한 운전자가 중앙선을 침범해 불법 좌회전을 시도하는 모습이 담겨 있었어. 사람들은 이를 보고 '김 여사가 저지른 사고'라고 욕했지만 경찰 조사 결과 실제 운전자는 남성이었음이 밝혀졌어. 여성 운전자에 대한 우리 사회의 공고한 편견을 볼 수 있었던 사건이지.

　　"여성 운전자는 선천적으로 운전에 서투르다."

"여성 운전자는 자동차 정보나 교통 법규에 무지하다."

"여성 운전자는 교통사고를 낼 확률이 높다."

이런 말들 많이 들어 봤을 거야. 그런데 "여성들이 남성들보다 상대적으로 운전을 못하고, 사고도 많이 낸다."라는 말은 편견을 넘어 사실 관계 자체가 틀렸다고 볼 수 있어. 도로교통공단 교통사고통계에 따르면 2021년 가해 운전자 성별은 전체 20만 3130건 중 남성이 15만 3975건으로 75.8퍼센트를 차지했어. 여성은 4만 6216건으로 22.8퍼센트에 불과했지. 나머지는 기타·불명(2939건, 1.4퍼센트)이었고. 이런 사실에 비춰 보면 교통사고는 성별을 떠나 '운전에 서툰 사람들'이 내는 것이지 운전에 서툰 여성들이 내는 건 아니라는 게 분명해지지. 여성 운전자가 남성 운전자보다 그 수가 적어서 그런 게 아니냐고? 상대적인 비중도 다 고려한 분석 결과인걸.

여성이 남성보다 운전에 미숙하다고 주장하는 측에선 남성이 여성보다 '공간인지능력'이 뛰어나다는 속설을 근거로 들곤 해. 하지만 "남녀의 공간인지능력은 큰 차이가 없다."고 말하는 학자들도 있어. 영국 맨체스터 대학교 교수인 심리학자 벤 엠브리지도 2015년 〈심리학에 관한 10가지 신화: 부정된 이론들〉이라는 주제의 강연에서 "성별 공간지각능력 차이는 미세해 실생활에서 드러날 정도로 유의미하지 않다."고 말한 바 있지.

그럼에도 우리는 여전히 "여성은 운전이 서툰 존재다."라는 고정관념 섞인 말을 자주 만나게 돼. 한 예로 광고를 한번 살펴볼까? 어느 자동차 회사는 신차를 출시하면서 여성을 주인공으로 등장시켰는데 "감각적이지만 운전은 서툰 나 같은 사람들을 위해!" "여자니까 봐줍니다." 등의 카피를 썼다가 비난을 받은 적이 있어.

사회생활은 남성이, 집안일은 여성이 하는 게 일반적이었던 시절이 분명 있었어. 직장에 다니던 여성도 결혼을 하면 퇴직을 하고, '내조'라는 이름으로 남성의 사회생활을 뒷바라지하는 경우도 많았어. 하지만 지금은 수많은 여성이 사회에 진출하는 시대야. 결혼 후 출산한 이후에도 자기 일을 하는 여성들이 많아. "집에서 솥뚜껑 운전이나 해."라며 여성을 집에 있어야 하는 사람으로 규정하는 시대는 더 이상 아니라는 이야기지.

게다가 이 말은 가사 노동을 비하하는 말이기도 해. 요리, 설거지, 청소 등을 '솥뚜껑 운전'이라는 말로 비하한 걸 넘어 그 뒤에 '~이나'라는 보조사까지 붙였어. 마치 선심 쓰듯 "너는 원래 이걸 하기에도 모자란 사람인데 이거라도 해라."라는 시선이 들어가 있지.

지속 가능한 변화로의 '고정관념 깨기'

천만 관객을 돌파한 영화 〈극한 직업〉을 보면 초반부에 중년 여성 운전자가 온라인상에서 '용감한 의인'으로 박수를 받는 장면이 나와. 범인으로 보이는 남성이 도로 한복판에서 이 여성의 차를 빼앗아 도주하려고 여성을 차에서 끌어내다 오히려 도로에 내동댕이쳐지던 장면이지. 만약 현실이었다면 어땠을까? 이 중년 여성이 범죄자를 차 밖으로 내동댕이치지 못했다면 "김 여사라서 역시 서툴다. 남성 운전자였으면 잡았을 텐데……."라는 말이 나왔을 수도 있을 거야.

2019년 1월, 영국광고실행위원회(CAP)는 앞으로 영국 내 텔레비전과 라디오, 신문, 잡지는 물론 온라인과 SNS에서 성역할과 성별 고정관념을 고착화하는 광고를 더는 내보낼 수 없게 금지시켰어. 그 예시를 보면 '기저귀를 잘 갈지 못하는 남성, 주차를 잘하지 못하는 여성' 등 특정 업무를 잘 해내지 못하는 것이 마치 성별의 차이 때문인 듯 암시하는 내용의 광고는 내보낼 수 없는 걸로 돼 있어.

이런 사실에 비춰 보면 "여성들은 운전이나 주차를 잘 못한다."는 고정관념이 우리나라에만 있었던 건 아닌가 봐. 다만, 선진국은 성별 고정관념이 담긴 광고에 문제가 있다는 사실을 발 빠르게 인식하고 변화를 실천하고 있다는 점이 우리와는 달라. 우리나라의 경우, '김 여사도 걱정 없이 운전할 수 있는 차'라며 자율주행차를 소개하는 기사가 참 많이 보이거든. 자율주행차는 운전자가 직접 조작하지 않아도 자동차 스스로 주행 환경을 인식해 목표 지점까지 달리는 차를 말하는데, 이 차를 소개하며 굳이 김 여사를 갖다 붙이는 게 참 이상하지. 여성 운전자는 운전을 어려워하고, 서툴 거라는 인식이 깔려 있는 것 같아.

어디서부터 이 문제를 풀어야 할까? 일단 성별 고정관념을 고착화하는 미디어 속 문구부터 찾아내 보는 건 어떨까? 그리고 문제가 될 만한 광고를 만든 제작사나 기사를 쓴 기자한테 이메일을 보내는 거지. 일상에서 이런 작은 시도라도 해 보면 어떨까?

이런 건 ○○가 해야지

입사 후 오늘이 첫 회식이니까, 나이 공개 좀 할까?

김 대리! 에이, 뭘 그런 걸 물어봐?

자자, 참고로 나는 빠른 92. 같은 92라도 봐주는 거 없이 후배 취급한다!

스-윽

일단 메뉴부터 고르자고 음···. 거기, 김은수 씨가 제일 막내 같은데?

네, 저요?

눈치가 빨라야 예쁨받는 거 모르나? 얼른 메뉴판 좀 가져와.

까딱 까딱

사양합니다, 무턱대고 나이부터 까라는 말

한 기업에서 직원들을 새로 뽑은 후 마련한 환영 회식 자리. 한 대리가 돌아가며 나이를 말해 보라고 하자 살짝 어색한 분위기가 감돌았어. 얘기를 나누던 중 자연스럽게 서로 나이를 밝히게 되는 상황이라면 모를까, 저렇게 정색하고 순서대로 나이를 밝히라고 하니 분위기가 어색해질 수밖에. 게다가 나이 밝히기를 요구한 사람은 '같은 해 태어났어도 나보다 조금이라도 늦게 태어났으면 후배 취급할 거야.'라는 뉘앙스의 말까지 덧붙이면서 '난 너희보다 선배야.'를 대놓고 강조하고 있어. 그뿐인가? "뭘 그렇게 대놓고 물어보니?"라는 식으로 말했던 사람도 말실수를 했어. 어떤 부분이 그런 걸까? "제일 막내 같은데 메뉴판 가져와. 그래야 예쁨받지."라고 말했잖아. 이들의 대화를 보면 1장에서 어린 사람을 낮춰 보는 문화를 이야기하며 소개한 용어, '어덜티즘'이 떠오르기도 하지.

"어리니까 네가 좀 해야지."
"이런 건 막내들이 해야 하는 거 아닌가?"

여러분도 이런 말 들어 본 적 있어? 학교에서는 동갑내기 친구들하고 한 반에서 생활하며 지내니까 이런 경험이 별로 없겠지만, 사회에 나오면 이런 말을 들을 일이 많아질 수 있어. 사실 텔레비전 예능 프로그램만 봐도 나이로 서열 정하는 장면을 흔치 않게 볼 수 있지. 동갑임에도 "나는 빠른 86인데……." 같은 말로 '빠른' '늦은'까지 구분하며 자기보다 조금이라도 더 어린 사람이 누구인지 찾는 일도 자주 일어나곤 해.

'장유유서(長幼有序)'의 유교 전통이 남아 있기 때문인 걸까? '장유유서'는 '어른과 아이 사이에는 차례와 질서가 있어야 한다.'라는 유교의 다섯 가지 인륜 중 하나지. 이런 가치관의 영향 때문인지 오래전부터 우리나라에서는 자기보다 조금이라도 나이가 많은 사람이 있다면 그를 예우해 주는 문화가 있었어. 상대적으로 나이가 많은 사람이 있으면 상석에 앉게 배려하고, 그에게 존댓말을 쓰잖아. 반대로 어린 사람이 나이가 많은 사람에게 반말이라도 썼다간 "어린 게 버릇 없이 어디서 반말이냐?" 소리를 듣기 쉽지.

어리다고, 나이가 적다고, 그래도 그건 좀……

문제는 이렇게 나이에 따라 상대를 예우해 주는 문화가 군

대식 권위주의의 상징인 '상명하복(上命下服)' 개념과 만나면서부터 시작돼. '상명하복'이란 '상관이 명령하면 하관은 복종한다.'는 뜻이야. 어떤 결정을 내릴 때 아랫사람이 윗사람 결정에 대해 반론을 제기하지 못한다거나 하는 상황이 대표적이지.

이런 사회적 풍토 자체도 일종의 차별 문화라고 볼 수 있어. 생각해 보면 어리다고 일을 더 해야 한다거나 나이 든 사람들의 제안을 모두 받아들여야 하는 건 아니거든. 본인들이 할 수 있는데도 나이 어린 사람들에게 사소한 심부름을 시키는 윗사람들도 많아. "커피 좀 가져와." "수저는 젊은 사람이 좀 놔야지." 등의 요구가 대표적일 거야. 나이가 들었다 해서 이런 일들을 못할 것도 아닌데 어느 순간 당연히 젊은 사람이 해야 하는 일인 것처럼 굳어져 버렸지.

외국 사람들은 종종 우리나라에서 나이를 중시하는 문화를 접하고선 "이해할 수 없다."는 반응을 보이기도 해. 〈비정상회담〉이라는 텔레비전 프로그램에서 한 터키인은 "한국에서 쌍둥이 사이에도 형, 동생이 있던데 이해할 수 없어요."라고 말을 한 적도 있어. 나이와 상관없이 서로 친구로 동등하게 지내는 문화권의 나라도 있거든. 그런 문화권 사람들 눈으로 볼 때 겨우 나이 한 살 많고 적은 걸 갖고 서열을 만들어 두는 우리나라 문화가 낯설 수도 있을 거야.

"막내가 좀 해라."

이 말이 상대에게 엄청나게 상처를 주는 차별 발언은 아닐 수 있어. "뭐 그런 말 갖고 예민하게 반응을 하지?"라고 되묻는 이들도 있을 수 있겠고. 하지만 나이가 어리다는 이유로 일상 속 차별을 당연하게 여기기 시작하면 이런 차별이 점점 쌓여 가면서 갈등이 커질 수도 있어. 공동체 안에서 생겨나는 갈등은 의외로 사소한 데서 시작되는 경우가 많거든.

어리다고 해서 손윗사람이 해야 하는 일 중 귀찮은 일을 대신 해야 한다거나 그들의 뒤처리를 해 줘야 한다는 법은 없어. 혹시 '거절했다가 예의 없다고 찍히면 어쩌지?' 하고 고민하지 않아도 돼. 오히려 막내이고, 어리다는 이유로 비합리적으로 일을 시키는 이들이야말로 예의가 없는 건 아닐까?

성에 대한 편견이 담긴 말

'여자라서' 또는 '남자라서'라는 표현, 참 많은 이들이 일상적으로 쓰는 거 알아? 더해서 좋을 게 있고, 더해서 나쁠 게 있지. 이렇게 성별을 구분 짓는 표현은 더해서 나쁜 표현 중 하나야. 신문이나 잡지, 책 속에서 반드시 빼야 하는 '성별 관련 표현'에 과감하게 '삭제' 표시를 해 보자!

'여성 총리 탄생!' '여류 작가들 한자리에'

⇨ 굳이 여성이나 여류라는 말로 성별을 불필요하게 강조할 필요가 있을까? 그냥 '총리' '작가'라고 해도 될 텐데.

현모양처, 미망인, 처녀작

⇨ 성차별적인 이데올로기를 담은 말들이야. 처녀작은 첫 작품, 미망인은 유족이라고 고쳐 쓰면 어떨까?

4장

세상의 중심은 이미 정해져 있을까?

어떤 대학을 졸업했는지, 어느 지역에 있는 무슨 아파트에 사는지를
중요하게 생각하는 사람들이 있지. 누군가 졸업한 대학, 사는 지역과
집의 유형 및 규모가 그 사람을 다 말해 줄 수 있을까? 이런 것들로 사람들을
'더 나은 사람'과 '더 못한 사람'으로 구분해도 될까? 차별과 혐오를 담은
편견의 언어를 통해 '어떻게' 살아야 하는지 함께 궁리해 보자.

전학 온 애 ○○라며?

너, 어디 살아?

지난 2016년이었던 것 같아. 한참 '임거' '휴거'라는 말이 신문을 가득 메웠지. 풀어 쓰면 '임대 아파트 거지' '휴먼시아 (공공 임대 아파트 브랜드명) 거지'라는 뜻이야. 아파트에 왜 '거지'라는 말이 붙었을까? 다른 아파트에 비해 집값이 싸서? 아마도 그렇게 짐작해 볼 수 있겠지.

자, 먼저 우리에게 집이 어떤 의미인지부터 함께 생각해 보자. 여러분은 집에서 뭘 해? 가족들과 어울려 쉬고 먹고 자고……. 쉽게 말해 집은 우리가 생활하는 공간이지. 그런데 요즘 시대에 집은 각자의 생활 공간을 넘어 계급을 상징하는 공간이 된 지 오래야. 심지어 어느 지역에 있는, 어떤 아파트에 사느냐에 따라 사람을 평가하는 이들도 있어. "집값이 비싸다는 ○○동에 살고, 그 동네에서도 가장 유명한 브랜드 아파트에 사니까 그 사람은 굉장히 성실하고 좋은 사람일 거야." 이런 식으로 말이지.

물론 ○○동, 브랜드 아파트에 사는 사람이 무조건 성실하지 않고 나쁜 사람일 거라는 말은 아니야. 다만, 그 사람을 성실하고 좋은 사람으로 보는 이유가 "땅값이 비싸고, 유명한 아파트에 살기 때문."이라는 시각은 분명히 문제가 있어. 집(돈)

으로 어떤 사람의 태도나 인격을 평가하는 거니까. 이런 기준이라면 재벌은 모두 착하고 성실한 사람들이겠지. 가난한 사람들은 모두 나쁘고, 불성실한 사람들이겠고. 여러분도 학교 안에서 다양한 친구들을 만나 봤겠지만 이 공식이 다 맞진 않는다는 것쯤은 알고 있겠지?

'미천한' 너와는 다르다는 위태로운 경계

'임거' '휴거'라는 단어를 쓰는 사람들 심리에는 일종의 '배금주의'가 깔려 있다고 볼 수 있어. 배금주의는 한자로 '숭배할 배(拜)' '돈 금(金)' '주인 주(主)' '옳을 의(義)' 자를 써. 돈이나 돈의 힘을 가장 소중한 것으로 여겨 그것을 받들고 숭배하고 집착하는 태도를 말하지. 다른 말로 황금만능주의 또는 물질만능주의라고 부르기도 해. 배금주의에 빠진 사람들은 돈이 곧 최고라고 생각하기 때문에 상대적으로 가난한 사람들을 낮춰 볼 수 있지. 더 나아가 이런 생각도 할 수 있어.

'저 사람은 우리와 같은 급이 아니야.'
'돈이 없으니 교양이 없을 거야.'

더 깊은 속내를 들여다볼까? 아마도 이 사람들은 '나는 임대 주택에 사는 당신들과 달라.'라고 생각할 수도 있을 거야. "개 '휴거'라며?"라고 말하면서 "나는 '휴거'에 사는 사람들과는 달라."라는 구분 짓기를 하고, 그 속에서 심리적 만족감을 얻는 거지.

그런데 여러분 얼굴이 각자 다 다르듯 우리 사회에는 참 다양한 형편의 사람들이 살고 있잖아. 면적이 넓은 집에 사는 사람도 있고, 면적이 좁은 집에 사는 사람도 있지. 분양 아파트에 사는 사람도 있지만 임대 아파트나 빌라에 사는 사람도 있을 거고 말이야. 성냥갑 같은 아파트가 답답해서 주택을 선호하는 사람도 있겠지. 이렇게 다양한 사람들이 사는 세상에서 경제적 조건으로 구분 짓기를 하고, 상대를 낮춰 보다 보면 그 사이에 벽만 생길 거야. 이런 게 쌓이고 쌓이면 일종의 사회 갈등이 일어날 수도 있지.

표현을 바꾸면 달라질 수 있다?

그런데 안타깝게도 이런 갈등은 곳곳에서 일어나고 있어. 2003년부터 정부는 거주 공간에 따른 차별을 방지하기 위해서 '소셜 믹스'(Social Mix)라는 운동을 시작했어. 말 그대로 '사회적 통합' 운동으로 아파트 단지 내에 사회적·경제적 배경이 다른 주민들이 함께 거주하도록 분양주택과 임대주택을 혼합해서 배치하는 거야.

하지만 그 취지와 달리 실제로 소셜 믹스 운동은 현장에서 잘 안착하지 못하고 있어. 같은 아파트 단지에 사는데 임대 동에 사는 이들의 차량 차단기에만 '임대' 여부가 표시되도록 한 사건부터 '분양 동'과 '임대 동' 경로당을 각각 분리하거나 양쪽 동 사이에 두 동을 눈에 띄게 구분하는 언덕을 쌓은 사건 등이 뉴스에 나오기도 했었지. 같은 단지여도 임대 동과 분양 동이 누리는 환경이 분명히 달라야 한다는 데서 비롯된 차별과 낙인이 심해지면서 사람들 사이에선 "요즘은 아파트 부실 공사보다 더 무서운 게 '못 사는 집'이라는 낙인이다."라는 말도 나오고 있다고 해.

우리 사회에는 이런 사람, 저런 사람 정말 각기 다른 모습과 형편의 사람들이 모여서 살고 있어. 그런데 이렇게 집 하나를 두고 마치 귀족과 거지로 나누듯 구분을 해 버리면 대화와 소통은커녕 갈등만 커질 거야.

참 씁쓸한 건 이렇게 누군가의 경제적 조건을 두고 상대를 차별하는 걸 넘어 혐오하는 의미의 표현들이 계속 나오고 있다는 사실이야. 부모 월급이 200만 원대임을 '벌레'에 빗댄 '이백충', '전세 또는 월세 사는 거지'라는 의미의 '전거지', '월 거지'라는 표현이 초등학교 교실에서 나오고 있다는 이야기를 들으면 참담한 마음이 들어.

이럴 때 우리가 할 수 있는 일은 뭘까? 친구를 볼 때 친구를 둘러싼 배경이 아닌, 친구 그 자체로 바라보려는 노력을 해보면 어떨까? 그리고 평소 별생각 없이 써 왔던 말을 고쳐서 써 보는 건 어떨까? 시간이 걸릴 수 있겠지만, 말이 바뀌면 문화가 바뀔 수도 있거든. 그래서 제안하고 싶어. 혹시라도 부모님이 '임거 ○○이'라고 하시면 '친구 ○○이'로 고쳐 달라고 말씀드려 보는 거야.

○○○ 갈 바엔 재수해야 해

너 중간고사가 코앞인데, 맨날 친구들하고 놀러만 다니니?

다녀왔어요.

아니야. 애들하고 독서실 갔다 오는 길에 잠깐 놀다 온 거야.

지금 놀 시간이 어디 있어. 너 그러다 지잡대 갈래?

뭐? 지잡대? 엄마, 그런 말은 또 어디서 들었어?

학부모 커뮤니티에 가 보니 많이들 쓰던데. 지잡대생은 대학생으로 쳐 주지도 않는다더라. 지잡대 갈 성적 나오면 재수해야 하니까, 정신 차리고 제대로 좀 해!

으-악!

따다다다

'인서울' 아니면 인생의 실패자?

한 엄마와 아들이 나눈 대화야. 아들은 엄마가 '지잡대'라는 말을 쓴 걸 보고 많이 실망했지. 초등학교 때까지만 해도 엄마는 "학벌을 두고 사람을 차별해선 안 돼."라고 말씀하시곤 했어. 그런데 언제부터인가 엄마는 자주 이런 말을 하기 시작했지. "단순히 지방에 있는 대학을 비하하는 게 아니야. 우리 아들이 그런 학교 가게 될까 봐 걱정되는 거지."라고 덧붙이면서.

혹시 '지잡대'라는 말을 들어 본 적 있어? 멀리서 찾을 것도 없을 거야. 영화나 드라마에서도 이 말을 종종 만나 볼 수 있어. 2018년 초 우리나라에서 엄청난 화제를 모았던 드라마 〈SKY캐슬〉에서도 이 표현이 등장했었어. 부유층이 모여 사는 스카이캐슬을 배경으로 상위권대 입학을 노리는 이들의 욕망과 집착을 다룬 이 드라마는 큰 인기를 끌었지. 방영한 지 꽤 됐지만, 우리 사회 '입시 경쟁'과 '계급'에 관해 얘기할 때 여전히 이 드라마를 언급하는 이들이 많아.

선짓국집 딸로 태어나 과거를 숨긴 채 살아가는 전업주부 한서진에게 딸들의 성공은 곧 자신의 존재를 인정받는 길이었어. 서울대 의대 진학으로 3대째 의사 집안이라는 위업을 달성해야만 비로소 시어머니에게 제대로 된 며느리로 받아들여질 수 있기 때문이야. 그런 서진 앞에 나타난 고교 동창 이수임은 서진의 심기를 불편하게 만드는 존재야. 사교육 한 번 받지 않은 수임의 아들이 자신의 딸과 공동으로 고교 수석 입학생에 이름을 올리게 된 것도 모자라, 수임의 남편인 황치영 또한 지방 의대 출신임에도 자신의 남편과 척추관절센터 센터장을 놓고 경쟁하게 됐으니까. 〈SKY캐슬〉에 등장하는 사람들은 수임의 남편 치영이 나온 대학을 두고 이렇게 비하해, '지잡대'라고.

이 드라마 속에 나오는 인물 대다수는 '학벌(學閥)'을 매우 중요하게 여기지. 학벌은 학문을 닦아서 얻게 된 사회적 지위나 신분 그리고 출신 학교의 사회적 지위나 등급 등을 뜻하는 말이야. 우리 사회는 어떤 사람이 무슨 대학 나왔는지를 매우 중요하게 여기는 '학벌주의'가 심한 편이야. 지잡대라는 표현역시 이러한 학벌주의에서 비롯됐다고 봐도 돼.

지잡대의 뜻을 좀 더 살펴보자. 이는 '지역에 있는 듣도 보도 못한 잡스러운 대학'의 줄임말이야. 언제 이 말이 등장했는지는 정확하지 않지만 대략 2000년대 중반 이후, 입시 관련 온라인 커뮤니티 등에서 사용하기 시작한 것으로 알려져 있어. 이 말에는 서울 및 수도권이 아닌 지역의 대학에 다니는 학생들을 비하하는 의미가 담겨 있었어. 비슷한 예로 20~30년 전에는 '똥통 학교'라는 표현이 있었어.

대안이 생기면 또 다른 차별도 생겨난다?

지잡대라는 단어가 어떤 배경에서 등장했는지를 알려면 우리나라 입시 그리고 취업 문화를 먼저 이해할 필요가 있어. 우리나라 대학은 매우 촘촘하게 서열화가 돼 있어. 전국 4년제 대학을 입학 성적순으로 줄 세워 놓고 그 첫 글자를 따서 '서고연 서성한중경외시'라고 부르는 것만 봐도 알 수 있지. 이 표현은 각종 입시 사이트, 사교육 시장, 학교, 심지어 언론에서도 흔히 쓰여. 자신이 가고 싶은 학과가 아니어도 저 서열상 앞선 학교라면 무조건 원서를 넣고 보는 학생들도 많아.

이런 대학 서열은 취업에서도 적용이 돼. 그동안 기업들은 입사 평가를 할 때 대학별로 차등하여 점수를 주는 등 출신 대학에 따른 차별을 해 왔어. 그래서 위에 언급되지 않은 지방 소재 대학은 어느새 '낙오자가 다니는 대학' '공부 못하는 아이들이 다니는 대학' 소리를 듣게 됐지. 과거에는 지방에 있는 대학 중에서도 특성화된 학과가 있는 대학들은 학생들이 진학하고 싶어 하는 학교로 손꼽혔었지만 이젠 그런 현상도 점점 사라지는 분위기야.

대학에 따라 사람을 차별하는 건 참 불합리한 일이야. 우리 문화에서 학생 개인이 받은 점수는 온전히 그 학생의 노력만으로 얻은 거라고 보긴 어렵거든. 집이 경제적으로 부유한 친구들은 사교육의 집중 지원을 받아 그만큼 시험 준비를 더 잘할 수 있기 때문이지.

반면 상대적으로 형편이 어려운 친구들은 아무리 열심히 공부해도 사교육의 도움을 받기 힘들기 때문에 받을 수 있는 성적에 한계가 있을 수밖에 없어. 애초부터 출발점이 다르니 불공정한 경쟁인 셈이지. 실제로 2020년 한 국회의원실의 조사에 따르면 서울대·연세대·고려대 등 이른바 SKY대 재학생 최소 2명 중 1명은 연 소득 1억 1000만 원 이상 고소득 가구 출신으로 나타났어.

출신 대학은 가진 능력의 전부가 아니야

대학들은 성적에 따라 줄 세우는 데서 벗어나 다양한 방법으로 인재를 뽑으려는 시도로 전형을 다양화하기도 했어. 하지만 그렇게 되자, 같은 대학에 다니는데도 어떤 전형으로 입학했는지에 따라 또 다른 차별 문화가 등장하기 시작했어. 농어촌 전형이 포함되는 지역균형선발 전형에 '벌레 충(蟲)' 자를 붙여 '지균충'이라고 부르는 게 그런 사례야. 보다 공정한 경쟁을 할 수 있도록 나름의 대안이 하나둘 생겨나는데 그 안에서 또 다른 차별이 등장하는 씁쓸한 현실인 거지.

사실 '지균충' 등의 비하 발언이 계속 나오는 데는 우리 사회의 극심한 경쟁 교육시스템과 사회 문화 탓이 커. 그렇다고 해서 마냥 사회나 교육시스템 탓만 할 수는 없겠지. 누군가를 성적이나 그의 출신 대학만으로 판단하는 이가 있다면, 자신의 시야가 얼마나 좁은지를 냉정하게 돌아보면 좋겠어.

"지잡대신데 어떻게 번역가 잘하시네요."

몇 년 전 영화 번역가 황석희 씨가 자신의 SNS 채널 '묻고 답하기'를 통해 받았던 질문이라며 이 내용을 소개한 바 있어. 그는 〈보헤미안 랩소디〉 등을 번역한 우리나라 대표 영화 번역가야. 한 분야에서 걸출한 능력을 인정받은 이에게 지잡대라는 차별 표현으로 출신 학교를 운운하다니. 질문을 쓴 사람은 '출신 대학=그 사람이 가진 능력의 전부'로 보는 색안경을 끼고 있는 것 같지? 이 사연을 다룬 기사에 달린 댓글이 씁쓸한 미소를 짓게 해. "그분은 가진 게 학벌뿐인 인생인 듯".

○○○ 주제에 말이 많네

어느 지역 출신이야?

상혁이네 학교에 거제에서 전학 온 민준이에 대해 이런저런 이야기가 많이 돌고 있어. 다른 친구들보다 키가 커서 눈에 띄기도 하고, 성격도 명랑해서 벌써 다른 반 친구들하고도 인사를 나눴대. 근데 상혁이는 이 친구가 자꾸 마음에 안 드나 봐. 상혁이는 서울에서 태어나 줄곧 서울에서만 자라서 그런지, 거제에서 온 민준이를 보면 특별한 이유 없이 거리감이 느껴졌어. 민준이를 볼 때마다 이런 평가를 하게 됐지.

'촌스러워. 왠지 무식한 것 같아.'

촌뜨기는 '촌사람'을 낮잡아 부르는 표현이야. 우리 문학 작품에서 '만만한 사람'이나 '어수룩한 사람'을 표현할 때 '촌뜨기 같다.'라고 표현하는 경우도 종종 있지. 그런데 저렇게 현실에서 "지방에서 온 촌뜨기 주제에."라고 말하면 상대 마음이 어떨까? 나를 무시하고 비하하고 있다는 게 단번에 읽히겠지?

이렇게 지방 또는 지방에 사는 사람들을 아무렇지 않게 비하하는 일들은 우리 일상에서도 흔히 볼 수 있어. 한 유튜브 채널 출연진들이 경북 영양군을 여행하는 영상을 올리면서 그 지역을 비하하는 발언을 했던 사건도 화제였지. 이들은 "여기 중국 아니냐." "똥물이네." "할매 맛이다." 등의 표현으로 지역을 비하해 사람들의 뭇매를 맞아. 영양군 측은 "자연환경이 잘 보존된 마지막 남은 숨겨진 보물임에도 마치 영양군이 현대문명과 동떨어진 곳으로 알려지게 됐다"며 속상해했어.

상혁이의 말을 다시 곱씹어 볼까? 상혁이는 "나대서 짜증나. 따 시키고 싶어."라는 말도 했어. 역시 상대를 낮춰 보는 시각이 보이지. 전체적으로 보면 "지방에서 온 친구이기 때문에 마음에 안 들고, 무시하고 괴롭혀도 될 것 같다."는 의미가 읽혀.

사실 우리나라 사람들은 서울중심주의가 있어서 다른 지역에 대해선 상대적으로 낮춰 보는 경향이 은근히 있어. 자신이 사는 곳에 대해 자부심을 갖는 건 좋지만 그렇다고 다른 지역 사람을 낮춰 보는 건 좋은 태도가 아니지. 우리 속담 중에 이런 말 들어 본 적 있어?

"사람을 낳으면 서울로 보내고, 말을 낳으면 제주도로 보내라."

한국 역사에서 수도이자 중심 도시인 서울은 그만큼 큰 의미가 있지. 그런데 서울에 대한 의미 부여가 과도해지다 보니 다른 지역은 마치 뭔가 부족한 곳으로 여겨지기 쉬웠어. 서울 바깥에 살았던 기성세대 중에는 "나는 시골에서 농사지으며 살았지만 자식은 공부시켜 서울로 보내겠다."라는 목표를 가진 분들도 많았지. 아마 상혁이 역시 "서울에 사는 게 최고다." "서울 사람으로서 자부심을 가져야 한다."는 말을 많이 듣고 자라오지 않았을까 싶어.

서울, 서울, 서울······ 기승전서울

그래서일까? 한국의 젊은 세대들은 어떻게든 서울에 있는 대학을 나와 서울에 있는 직장에 다녀야 성공했다고 생각하는 경향도 강한 것 같아. 서울에서 조금이라도 거리가 멀어지면 마치 후진 곳이라고 생각하는 문화가 자리를 잡은 것 같기도 해. '시골 촌뜨기'라는 말 속에는 상대적으로 서울을 치켜세우는 의미가 들어 있는데, 이와 관련해 '서울 중심주의'를 문제 삼는 이들도 많아.

서울 중심주의를 보여 주는 대표적인 표현이 뭔지 알아? "명절에 시골 내려가?"라는 말이야. 서울에 사는 사람한테 명

절 때 다른 지역에 있는 고향에 가는지를 물어볼 때 이렇게 묻는 경우가 많지. 이 표현은 서울을 중심에 두고 다른 지역을 바라보는 시각이 담긴 표현이야. 생각해 보면 상대의 고향이 서울보다 위도가 높은 지역일 수도 있잖아. 이처럼 무조건 "(서울에서 그곳으로) 내려간다."라고 하거나, 수도권 이외의 지역을 시골이라고 부르는 건 우리도 모르게 머릿속에 자리한 서울 중심주의를 보여 주는 언어 표현이지. '여의도 면적의 X배가 넘는' 등의 표현처럼 서울 지리에 기반한 관용 표현을 쓰는 데서도 서울 중심주의가 엿보여.

물론 이런 표현들을 싸잡아서 비판할 일은 아닐 수도 있어. 우리 생활의 상당 부분이 서울 중심으로 돌아가고 있기 때문이지. 문화, 의료, 교육 등 사회 기반 시설이 수도권에 밀집돼 있는 게 사실이니까.

실제로 도서관·박물관·미술관·생활문화센터·문화예술회관 등 전국 문화기반시설의 3분의 1이 수도권에 위치하고 있다는 통계도 있어. 국회 문화체육관광위원회 소속 한 의원이 문화기반시설 총람을 분석한 결과, 2020년 문화기반시설 3017개 중 1092곳(36.2퍼센트)이 수도권(서울·경기·인천)에 위치하고 있었다고 해. 의료 분야도 상황은 비슷해. 이렇게 보면 서울의 '인구 포화 현상'도 이상하지 않은 일이지.

이쯤 되면 사는 곳 자체가 삶의 질을 결정하지 않도록 하는 사회적 노력도 필요하겠지. 또 지방에 살다 왔다고 해서 무시하는 문화도 없어져야 할 거야. 서울과 비교하면 지역에 여러 시설을 비롯해 환경적으로 취약한 점이 있을 수 있지만 그 지역만의 개성 있는 문화들도 분명히 있을 테니까.

엄마, 성아 큰언니 결혼한대.
근데 집안 어른들이 엄청 반대하고 있대.

어머, 왜?

성아네 어른들은 다 경상도 출신인데
사윗감 집안은 모두 전라도라고
싫어하신대.

??

그러고 보니, 기억난다.
전에 성아 할머니
뵌 적이 있거든.

전라도 사람들은 뒤통수를
잘 친다면서 말끝 마다
'홍수' '홍수' 하시더라고 .....

휙-

결혼 문제로 속을 끓이는 성아네 큰언니의 사연이야. 만화에서처럼 결혼을 준비할 때 상대 배우자 될 사람, 또는 그 부모의 출신 지역을 두고 큰 갈등이 벌어지는 경우가 꽤 있다고 해. 결혼은 사랑하는 두 사람이 가정을 이루는 거고, 그 둘만 진심으로 사랑하면 되는 일인데, 집안 어른들이 이렇게 과도하게 개입을 한다니 말이 안 되는 일이지. 게다가 상대방을 평가하는 잣대 중 하나가 "어느 지역 출신이냐?"라는 것도 참 이상하지. 결혼을 비롯한 가족 문화가 예전에 비해 많이 바뀌긴 했다지만 아직도 우리나라에서 결혼을 두 개인들만의 일이 아닌 양쪽 가정 전체의 결합으로 보는 인식이 남아 있어서 그런 것 같아.

"어디 어디 출신은 이러이러해서 안 돼."라는 지역에 대한 편견은 일상 곳곳에 자리를 잡고 있어. 편견을 넘어 특정 지역에 대해 비하하는 발언을 하는 사람들도 참 많지. 예를 들어, '홍어'는 '냄새나는 생선회를 먹는다.'는 의미로 전라도 사람들을 모욕적으로 지칭하는 말이야. '뒤통수, 통수' 등도 '전라도 사람들은 처음에는 살갑게 굴다가 결정적 순간에 뒤통수를 친다.'라는 뜻을 담은 말이고.

전라도 사람들을 '홍어'라고 비하하는 것처럼 경상도 사람들을 음식으로 비하하는 표현도 있어. '과메기'라는 말이 그렇지. 충청도 사람들 특유의 느긋하고 여유로운 기질이나 말투에 '멍청하다.'라는 평가를 덧씌워서 만든 단어 '멍청도'도 있어. 그리고 강원도 사람들이 시골에서 감자만 먹고 산다는 뜻을 담은 비하 단어 '감자국' '감자바우' 등도 있지.

한 사람의 정체성을 결정짓는 '출신지'

땅덩어리도 작은 나라에서 왜 이렇게 편 가르기를 하며 서로 비난하는 걸까? 저런 혐오 단어들이 나오게 된 건 우리 사회에 깊이 스며 있는 '지역감정' 때문이야. 지역감정이란 쉽게 말해 특정 지역에 살고 있다는 이유만으로 그곳 출신 사람들에게 갖는, 좋지 않은 생각이나 편견, 선입관을 뜻해. 지역감정이 어디서부터 시작됐는지에 대해서는 학자마다 견해가 조금씩 달라. 다만 우리나라의 경우, 1960~1970년대 정치인들이 국민들에게 지역감정을 유발했다는 건 잘 알려져 있는 사실이지.

여러분에게 선거권이 있다면 어떤 기준으로 투표를 할 것 같아? 후보자의 인품과 도덕성? 후보자가 내민 공약? 그 둘 다? 그래, 이런 항목들을 고루 살펴보고 신중하게 투표하는 게 맞겠지. 그런데 '전라도 사람이라서' 또는 '경상도 사람이라서' 특정 후보를 지지하고 그에게 한 표를 행사하는 이들이 참 많아. 과거 정치인들이 당선을 목표로 특정 지역을 비하하는 발언을 하거나, 우호적인 지역만 옹호하는 식으로 지역감정을 부추긴 일이 많았거든.

전통 사회에서 개인은 자기가 속한 집단에 대한 큰 귀속감을 가졌어. 좁게는 가족과 친족 등 혈연 집단부터, 넓은 범주에서 같은 지방 사람들을 포함하는 지연 집단에 이르기까지 애착 관계가 매우 깊었지. 이런 애착과 귀속감이 부모 세대들에게는 자기 정체성이기도 했어. 내 지역과 내 지역 사람들은 곧 '나 자신과 같다.'라고 생각했던 거지. 문제는 이런 자기 정체성이 지나치게 강할 때, 내가 속하지 않은 타 집단에 대한 배타심과 적대감, 편견이 커지기 쉽다는 거야. 그런데 정치인들은 투표권자들로부터 표를 많이 얻어 내기 위해 이런 감정을 극단적으로 부추겼지.

우리나라 선거에서는 특정 후보의 됨됨이나 정책보다는 그의 출신 지역이 더 중요하다는 말까지 나올 정도로 지역감정이 심했고, 실제로 선거에 큰 영향을 끼쳤던 것 또한 사실이야. 후보자의 도덕성이나 정책은 뒷전이고, 출신 지역만으로 그를 지지하겠다는 태도가 과연 민주주의 발전에 도움이 될까? 그래서 지역감정을 두고 "우리나라를 후퇴하게 한 망국적인 고질병이다."라고 비판하는 사람들도 있어.

지역이 문제가 아니다

시대가 변하면서 학연·지연·출신 등에 따라 사람을 차별하고, 비하하는 문화가 사라지는 것처럼 보이는 시기도 있었어. 그런데 인터넷 문화가 급속하게 발전하면서 지역감정과 언어폭력은 예전보다 더 심각해지는 것 같기도 해. 온라인 세계에서는 더 집요하게 특정 지역을 비하하는 단어들이 날마다 새로이 등장하고 있거든.

지역감정에서 비롯된 혐오 발언 등이 선거철에 극심하게 표출되면서 지난 2017년에는 '지역감정 조장 발언 처벌법'(공직선거법 개정안)이 통과, 의결되기도 했어. 선거 과정에서 지역감정을 조장하는 발언을 하는 경우 처벌하는 내용을 담고 있지. 잠깐 그 내용을 들여다보자.

제110조(후보자 등의 비방금지) ① 누구든지 선거운동을 위하여 후보자(후보자가 되고자 하는 자를 포함한다. 이하 이

조에서 같다), 후보자의 배우자 또는 직계존비속이나 형제자매의 출생지·가족관계·신분·직업·경력 등·재산·행위·소속단체, 특정인 또는 특정단체로부터의 지지여부 등에 관하여 허위의 사실을 공표할 수 없으며, 공연히 사실을 적시하여 사생활을 비방할 수 없다. 다만, 진실한 사실로서 공공의 이익에 관한 때에는 그러하지 아니하다. ② 누구든지 선거운동을 위하여 정당, 후보자, 후보자의 배우자 또는 직계존비속이나 형제자매와 관련하여 **특정 지역·지역인** 또는 성별을 공연히 **비하·모욕하여서는 아니 된다**. [전문개정 2015. 12. 24.]

지역 비하 발언은 아니지만, 2024년 제22대 국회의원 선거를 앞두고 몇몇 지역에선 특정 지역 출신의 특정 후보를 연상케 하는 현수막이 걸려 문제가 됐었어. '○○시민 ○○사람 유능한 ○○일꾼', '우리 가족은 ○○사람 선택했어요' 등 지역명을 넣은 현수막이었어.

내가 나고 자란 곳에 대한 적당한 자부심, 애향심은 물론 필요하겠지만, "내 고향 사람이 아니면 손가락질을 받아야 한다."거나 "내 고향 사람이 아니면 투표를 해 줄 수 없다."라는 건 버려야 할 매우 낡은 생각 아닐까?

○○○ 출신으로
대기업 입사!

나 어제 취업상담을 받았어.
좀 있어 보이는 대학원에 진학해.보래.

어휴, 지방대가 뭐 그리 문제라고!
너 장학금도 받았잖아.

다 소용없나 봐. 얼마 전 기사 봤어?

??

어떤 기업이 대대적으로 홍보하더라.
'지방대 출신으로 대기업 입사!' 이런 식으로.

어휴, 능력 되니깐 뽑은 거면서
마치 지방대한테 선심이라도 써 준 것처럼.

학벌만이 최고의 스펙일까?

만화 속 이야기는 취업 준비를 하고 있는 20대 후반 청년들의 사연이야. 요즘 청년들 얘기를 들어 보면 취업할 때 학벌에 따른 회사의 차별이 꽤 심하다고 해. 학벌이 좋지 않다는 이유로 면접 기회조차 얻지 못하는 경우도 많거든. 실제로 2019년 방송사 KBS가 전국 성인 남녀 1000명을 대상으로 설문 조사를 한 바에 따르면 우리 사회 차별 중 가장 심한 차별로 '학력 및 학벌 차별'(33퍼센트)이 1위로 손꼽혔어.

이야기 속 주인공처럼 굳이 가지 않아도 되는데 취업 등을 이유로 비싼 돈 들여 대학원에 가는 사람들도 있어. 이를 비꼬아서 '학벌 세탁'이라며 비난하는 사람들도 있지. 학벌이 출신 학교의 사회적 지위나 등급을 뜻하는 말이라는 건 이미 앞에서 이야기했어. 기억하지? 기업들이 사람을 채용하는 과정에서 지원자가 대학을 졸업했는지, 했다면 어떤 대학인지 등을 중요하게 여기는 이유는 대체 뭘까?

기업 입장에서, 이름이 잘 알려진 대학에 입학한 사람들을 상대적으로 '더 능력 있는 사람들'로 보기 때문일 거야. 힘든 경쟁을 뚫은 이들은 그만큼 열심히 노력했을 것이고, 또 그 노력에 대해서도 인정을 해 주는 게 맞겠지. 다만, 출신 대학이

한 사람의 능력을 평가하는 절대적인 기준이 되어 버리거나 그 기준으로 사람을 차별 대우하는 건 문제가 있다고 할 수 있어.

직원을 뽑을 때 지원자가 그가 일할 분야와 관련한 공부를 깊이 있게 해 왔다거나 이전에 그 분야에서 일한 경험이 있다면 당연히 채용 담당자 눈에 좋게 보일 거야. 그런데 우리나라 채용 문화에서는 이것보다 학벌이 채용에 훨씬 더 큰 영향을 끼쳐 왔어. 불합리한 채용 문화 탓에 대학을 성적으로 줄 세우는 서열화가 점점 더 심해진 거야.

이렇게 채용 과정에서 학벌에 따른 차별 문제가 사회적으로 문제가 되면서 지난 2017년 정부는 이에 대한 대책으로 '블라인드 채용' '지역인재 할당제'라는 걸 내놓았어.

차별의 문화를 바꿔 가는 과정

블라인드 채용이란, '못 보는, 보이지 않는'이라는 뜻의 영어 블라인드(Blind)와 '사람을 골라서 사용함'이라는 뜻의 채용(採用)을 합친 말이야. 신입 직원을 채용할 때 학력, 경력, 자격증, 어학 점수, 해외 활동 등 이른바 스펙이라고 불리는 요소를 보지 않고 그 사람의 인성, 업무와의 적합성 등을 고려해 채용하는 것을 뜻해. 입사 지원서에 신체 조건이나 학력 등을 아예 기재하지 않고 선입견이나 차별 요소를 배제하는 거지. 지역 인재 할당제는 공공기관 신규 채용인원의 35퍼센트 이상을 지방대학 학생 혹은 졸업생으로 채용하도록 한 제도야.

2021년 고용노동부의 〈공정채용정책 현장실태 조사 및 정책 이슈 분석〉 보고서에는 블라인드 채용과 지역인재 할당제 등 제도 도입 이후의 유의미한 변화가 나타나 있어. 이는 전체 공공기관 340곳의 74퍼센트에 이르는 253곳의 2016~2019년 4년간 신규 채용 현황을 연구한 결과를 담았는데, 서울대·연세대·고려대 출신 비율은 제도 도입 전인 2016년 8퍼센트였다가 2019년 5.3퍼센트로 감소했어. 반면 비수도권 대학 출신 비율은 같은 기간 43.7퍼센트에서 53.1퍼센트로 증가했지.

공공기관 팀장급 상사 가운데 57.3퍼센트가 '블라인드 채용 도입 전후 입사한 직원 간에 차이가 있다'고 답한 점도 흥미로워. 그 이유로 '직무에 적합한 인재가 채용돼 업무 능력이 향상됐다'(22.5퍼센트), '더 다양한 인재가 채용됐다'(16.6퍼센트) 순으로 꼽았어. '업무 능력이 떨어졌다'고 생각하는 비율은 9퍼센트에 불과했지.

그런데 2022년 정부는 일부 공공기관의 블라인드 채용을 폐지하겠다는 입장을 밝혔어. 2023년 재단법인 교육의봄이 전국 1013명을 대상으로 진행한 설문조사에서 블라인드 채용에 '찬성한다'는 의견이 70.9퍼센트(매우 찬성 39.5퍼센트, 찬성하는 편 31.4퍼센트)나 나온 것과는 상반되는 결정이지.

물론 채용 방식이 바뀐다고 해서 학벌에 대한 차별이 근본적으로 사라지는 건 아닐 거야. 대학 입학 후 학생들이 지역균형선발 전형으로 들어온 친구들에게 "지균충"이라고 부르는 것처럼 지방대를 졸업한 직원들을 비하하는 식의 문화가 나오지 않았으면 좋겠어.

사실 우리나라 기업 중에는 차별 문화가 만연한 기업들이 적지 않거든. 규모가 있는 기업 중엔 공채(공개채용)로 뽑힌 직원이 아니면 '사채'라고 부르며 하대하는 곳도 있다고 해. 또한 정규직이 아닌 계약직 직원들에게 보이지 않는 차별을 하는 곳들도 있고. 채용 문화, 더 나아가 기업 문화까지 바꾸려면 아직 갈 길이 멀어. 물론 우리가 평소 쓰는 언어 표현들도 하나하나 고쳐 나가야겠지. '지방대 출신으로 대기업 입사'가 아니라 '뛰어난 능력을 인정받아 입사'라는 식으로 말이야.

학벌과 사는 환경에 대한 편견의 말들

이런 말은 아파요!

* 파박!

사람들이 별로라고 말하는 대학에 다니거나 동네, 건물에 산다고 하면 왠지 그 사람도 별로일 것 같다고 생각한 적 있어? 졸업한 학교, 사는 동네와 집은 그 사람의 일부일 뿐이야.

"10분만 더 공부하면 아내의 얼굴이 바뀐다."
"10분만 더 공부하면 남편의 직업이 바뀐다."

⇨ 한 문구업체가 학용품에 적었다가 비판을 받은 문구야. 학벌에 의해 더 우월한 사회적, 정치적, 경제적 지위를 확보할 수 있다는 의미의 차별적 표현이라 문제가 됐었어. 또한 여성이 남성의 사회적 지위에 의존한다는 편견 어린 시각까지 담고 있지.

"사투리 쓰는 촌년이 출세했네."

⇨ 이 말에는 지역에 대한 차별뿐 아니라 여성에 대한 차별도 포함돼 있어. 지역마다 쓰는 언어가 조금씩 다를 수 있는 건데 나와 조금 다른 말을 쓴다고 낮춰 보면 안 되겠지.

타인의 아픔을 헤아릴 줄 아는 사회를 꿈꾸며

누군가의 아픔에 무심함을 넘어 편견, 고정관념, 차별의 안경을 쓰고 상대를 바라보는 우리를 발견할 때도 있어. 우린 종종 가해자보다 피해자에 주목하거나 '피해자다움'이라는 편견의 틀에 피해자를 가둬 버리곤 해. 때론 누군가가 겪는 아픔을 유머와 가십거리로 소비하기도 하고. 쉽게 툭 내뱉는 말들이 다른 이의 마음에 한 번 더 상처를 내는 건 아닌지 잘 생각해 보면 좋겠어.

○○○ ○○, 뉴스 봤어?

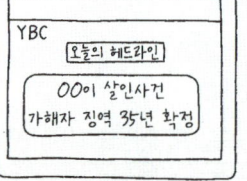

YBC
오늘의 헤드라인
○○이 살인사건
가해자 징역 35년 확정

아휴. 요즘 살인사건
왜 이렇게 자주 터져?

무서워서 어디 살겠어.
'○○이 사건' 터진 지 얼마나 됐다고.
○○이 너무 안됐더라.

근데 ○○이 우리 동네 학교 다녔더라.
내 가슴이 다 찢어질 거 같은데
부모 마음은 어떨까.

맞다! 나 ○○이 아빠
다니는 회사 어딘지 알아.

사건명에 피해자 이름을 붙인다는 것

최근 일어난 살인 사건에 관해 두 친구가 나눈 대화야. 실제 현실에서도 살인 사건을 비롯해 흉악한 범죄가 자주 일어나지. 많은 이들이 무고하게 피해 본 피해자를 향해 안타까운 마음을 드러내곤 해. "너무 안됐다." "내 가슴이 다 찢어질 것 같은데." 두 친구가 이런 말을 한 것도 피해자와 피해자의 가족들에 대해 안타까워하는 마음이 있기 때문일 거야.

그런데 두 친구의 그런 마음과 별개로 둘의 대화에서 우리가 비판적으로 봐야 할 표현도 있어. 바로 '○○이 사건'이라는 표현! 대화의 맥락을 봤을 때 이 사건명 앞에 붙은 '○○이'는 피해자의 이름이겠지?

"왜요? 사건명에 피해자 이름을 붙이는 게 뭐가 문제죠?"

아마도 사건명에 피해자 이름을 붙이는 게 왜 문제가 되는지 '정말 모르겠어서' 이런 질문을 하는 이들도 있을지 몰라. 그간 언론 등을 통해 피해자 이름을 붙인 사건명을 많이 접해 왔기 때문일 거야. 그런데 이런 사건명을 조금 낯설게 보면 '어? 왜 사건명에 굳이 피해자 이름을 붙인 거지?' 하는 질문이 나올 수도 있어.

2차 피해를 불러올 수 있는 어떤 말들

실제로 2010년 후반 우리나라 사람들을 충격에 몰아넣은 성폭행 사건이 일어났을 때 네티즌들이 이와 비슷한 의문을 제기한 적이 있었어. 우리나라 한 지역에서 여러 남성이 한 여성을 성폭행한 이 사건의 사건명이 언론을 통해 '(지역명) (피해자의 성별과 직업명) 성폭행 사건'이라고 보도되면서 네티즌들 사이에서 사건명이 잘못됐다는 지적이 나온 거야. 피해자에게 지울 수 없는 상처를 준 범죄인데 이 범죄를 부르는 말에 왜 굳이 피해자가 사는 곳, 직업 등을 언급해 그의 마음에 또 한 번 상처를 주냐는 거였어. 피해자 입장에서 생각해 보면 일상에서 '○○이 사건' 등으로 자신과 관련한 정보가 알려진다는 건 마음이 상하는 일이야. 우리가 아무렇지 않게 말하는 사건명 하나가 피해자 마음엔 칼이 되어 꽂힐 수도 있어. 이를 2차 피해라고 할 수도 있을 거야. 이뿐만 아니야. 피해자는 엄연히 보호받아야 할 존재인데 이름이 알려지면서 사는 곳, 하는 일, 가족 등 사적인 정보까지 알려질 위

험도 커. 더 나아가 색안경을 끼고 피해자를 편견 가득한 시선으로 바라보거나 나아가 집단 따돌림, 신분상 불이익 등을 주는 일도 일어날 수 있을 거야. 2차 피해란 이런 일련의 피해를 뜻한다고 보면 돼.

우리나라에선 특히 성범죄 사건명에 피해자 이름을 붙이는 경우가 많아. 6·10 민주화 항쟁에 불을 지핀 '○○○ 양 성고문 사건', 우리나라 최초의 성희롱 소송이었던 '○○대학교 ○조교 성추행 사건' 등도 모두 피해자 이름으로 기록-기억되어 왔어. 사건명으로 인해 피해자 이름이 언론에 자주 노출됐기 때문이야. 이런 식으로 사건명을 짓는 것이 사건을 해결하는 데 아무런 도움이 되지 않을 텐데 왜 이런 일들이 관행처럼 굳어졌는지 모르겠어.

2008년 한 어린이를 대상으로 한 끔찍한 성폭행 사건이 일어났을 때 사람들은 아이의 본명이 아닌 가명으로 사건명을 불러 왔어. 하지만 가명이라 해서 문제가 없는 건 아니야. 애초 가해자보다 피해자에 주목한 사건명 탓에 피해자는 소문을 접한 친구들로부터 놀림을 받고 매우 힘들어했다고 해. 만화 속 두 친구가 '○○이 우리 동네 학교 다녔더라' '○○이 아빠 다니는 회사 어딘지 알아'라고 한 것처럼 실제로 별생각 없이 피해자 '신상 털기'를 하는 네티즌도 많았어.

이 사건의 경우 사건명 때문에 실제 피해자뿐 아니라 가명과 같은 이름을 가진 다른 아이들까지 피해를 본 사례도 있었다고 해. '동명이인'인 아이들의 부모는 언론을 통해 "'성폭행 당했냐'는 주변 친구들의 잔인한 말 때문에 아이가 매일 울면서 들어와요" 하고 하소연했어.

상황이 이렇게 되자, 사람들 사이에선 "가명이라도 피해자 이름을 붙여선 안 된다"라는 여론이 퍼졌어. 결국 이 사건은 가해자 이름을 붙여 '조두순 사건'으로 불리게 됐지.

우리 사회가 '진짜' 해야 할 것

사건명에 피해자 이름 그리고 지역 이름까지 붙으면 특정 지역에 대한 부정적인 인식이 고정관념처럼 자리하는 등 '낙인'이 될 수도 있어. '그 범죄 도시 출신은 걸러야 해!' '○○ 지역은 범죄를 저지르고도 남는다.' 이런 식으로 말이지.

사건명에 피해자 이름이 붙고, 사람들이 피해자의 신상 등에 관심을 두게 된 데는 수사 당국과 언론의 영향을 무시할 수 없어. 그런 의미에서 수사 기관과 언론 등은 보도자료나 기사를 통해 사건명을 말할 때 매우 신중해야겠지.

이제 우리가 아무렇지 않게 만들어 부르는 사건명에 대해 왜 '낯설게 보기'를 해 보자고 한 건지 그 이유를 알 것 같지? 범죄가 일어났을 때 우리 시민들이 해야 할 일은 사실 따로 있을 거야. 이 사건이 얼마나 제대로 된 수사 과정을 밟는지, 가해자가 얼마나 적절한 처벌을 받는지 등을 꾸준히 살피는 게 시민들이 해야 할 일 아닐까? 또 하나! 피해자가 2차 피해를 보지 않도록 할 수 있는 선에서 최대한 그를 보호하는 것도 우리 사회의 몫일 거야.

멀리 갈 것도 없어. 혹시나 일상에서 어떤 사건과 관련해 "○○이가 당했다더라" "그 사건, ○○이가 신고했대" 등의 말을 하진 않았는지 되돌아보는 것부터 해 보면 어떨까?

○○○들 때문에
진짜 암 걸리겠네!

질병명을 유행처럼?

게임을 하며 짜증을 잔뜩 내는 동생 그리고 동생 방에 들어온 언니 이야기야. 두 사람 중 동생은 요즘 유행하는 표현을 잘 알고 있는 것 같지? 각각 '발암캐' 'PTSD 올 듯' 등은 게임이나 온라인 커뮤니티를 비롯해 일상에서 유행어처럼 많이 쓰는 표현이야.

'발암캐'는 '암을 일으키게 하는 캐릭터'라는 뜻으로 게임 진행을 방해하는 등 민폐를 끼치는 사람, 드라마나 영화 등에서 짜증을 부르는 캐릭터를 뜻하는 말로 먼저 쓰였다고 해. 비슷한 말로 '암 유발러'가 있지. 지금은 일상에서 답답한 상황에 부닥치면 '발암' 그리고 이런 상황을 유발한 이를 두고 '발암캐' '암 유발러'라고 말하는 이들도 많아졌어.

한편, 'PTSD 올 듯'은 스트레스가 급격히 밀려오거나 불안한 상황을 표현하는 말이지. 여기서 쓰인 PTSD는 외상 후 스트레스 장애(Post-traumatic stress disorder)의 영문 첫 글자에서 비롯된 줄임말로, 정신건강의학 관련 용어야. 의학 용어지만, 일상에선 "과제라는 단어를 들으니 PTSD 밀려오네"처럼 아주 가볍게 쓰이곤 하지.

굳이 이렇게 쓸 필요가 있을까?

"많이들 쓰던데 이런 말까지 조심해야 해요?" 이렇게 말할 수도 있을 거야. 맞아. 요즘 너도나도 이런 표현들을 써 대니 별거 아닌 것으로 여겨질 수도 있어. 그런데 입장 바꿔 생각해 볼까? 지금 내 가족이나 친구가 암 또는 PTSD로 고통받고 있다고 생각해 보자. 그렇다면 이런 말들을 그냥 우스갯소리로 흘려듣게 되진 않겠지?

의학이 발달한 시대지만 이 세상 어딘가에 누군가는 암 같은 질병으로 인해 엄청나게 고통을 받고 있잖아. 질병으로 인해 고통받다 사망한 이들도 많고. 질병으로 힘들어하는 당사자나 가족들 입장에서 이런 표현을 들으면 참 속상할 거야. 실제로 어떤 이는 "아버지가 암 투병하시다 돌아가셨는데 '발암'이란 표현을 이렇게 조롱거리처럼 사용하는 걸 보고 사람들이 참 무섭다는 생각을 했다"고 말했어.

PTSD 역시 우리가 함부로 쓸 표현은 아니야. '외상 후 스트레스 장애'는 사람이 전쟁, 고문, 자연재해, 사고 등의 심각한 사건을 경험한 후 그 사건에 대해 반복적으로 공포감을 느끼고 그로부터 벗어나기 위해 에너지를 소비하게 되는 질환을 뜻해. 일상에서 살짝 긴장되거나 불안한 상황을 표현할 때 빗댈 만한 질환이 전혀 아니지. 화재 사건에서 많은 사람을 구했지만, 화마 속 구하지 못한 한 사람에 대한 기억으로 인해 PTSD에 시달리는 소방관들도 많다고 해. 이처럼 PTSD로 고통받는 이들의 이야기를 조금이라도 들어 봤다면 이 표현을 이렇게 쉽게 쓰진 않게 될 거야.

그런데 안타깝게도 최근 들어 사람들 사이에선 이처럼 질병을 가볍게 소비, 희화화하는 표현이 많이 등장하고 있어. 뭔가에 집중하다 갑자기 생각이 멈출 때 '뇌 정지 왔다', 건드리면 안 되는 부분을 건드렸다는 의미로 '발작 버튼 눌렸다', 이해력, 해석력이 떨어지는 이를 향해 '난독증 있냐?'라고 말하는 게 그런 경우지. 이는 각각 뇌졸중, 뇌전증, 난독증 환자 입장에선 불편한 표현일 수 있어. 악의가 없을지라도 누군가 고통받고 있을 걸 상상하면 굳이 이런 표현을 유머 소재로 활용할 필요가 있나 생각해 보게 돼.

"그것도 모르냐? 치매냐?" 누군가 어떤 정보를 잘 모르거나 잘 기억하지 못하면 이렇게 '치매'라는 질병을 장난치듯 언급하는 이들도 있어. 과거 한 정치인은 "청약통장 모르면 치매 환자"라는 무개념 발언을 해 시끄러웠어. 치매 환자를 청약통장도 모르는 무식한 사람의 대명사인냥 만들어 버린, 명백한 비하 표현이었지.

치매라는 단어의 뜻에 대해 좀 더 알아볼까? 치매는 과거에 '망령'(늙거나 정신이 흐려서 말이나 행동이 정상을 벗어남. 또는 그런 상태), '노망'(늙어서 망령이 듦) 등으로 불리다 '치매'가 됐다고 해. 그런데 최근 치매라는 표현에도 환자에 대한 부정적 편견을 키우고, 환자 및 가족들에게 모멸감을 줄 수 있다는 점에서 다른 말로 바꿔 보자는 얘기가 나오고 있어. 치매는 한자로 '어리석을 치(痴)' '어리석을 매(呆)' 자를 쓰거든. 어리석고 미련하다는 의미만 있을 뿐 병의 본질을 나타내는 표현이 전혀 아니지. 참고로 국회에서는 치매에 대한 인식 개선을 위해 인지저하증으로 용어를 개정하는 법안을 발의한 상태야.

누군가의 아픔이 가볍게 소비가 된다는 것?

자, 누군가의 아픔이 우리들의 말을 통해 별거 아닌 것으로 소비되는 현상에 대해 좀 더 알아보자. 사실 우리가 일상적으로 보는 미디어 채널에서도 질병을 우습게, 가볍게 바라보는 일은 흔히 일어나곤 해. 2017년 한 예능 프로그램은 우스꽝스러운 출연자의 춤을 '류마티스 댄스'라고 지칭해 논란이 됐어. 2021년 한 의학 관련 교양 프로그램에서 갑상선암을 주제로 이야기를 나누던 한 아나운서가 유두암, 미분화암, 수질암 등 갑상선암의 종류를 소개하며 "왜 유두라는 이름을 썼냐" "화산이냐" "역대 병 이름 중에 제일 재미있다" "수질이 안 좋다" 등 병명을 희화화하는 발언을 해서 문제가 됐어. 문제는 여기서 끝나지 않았지. 갑상선암 환자가 수술 후 평생 호르몬 약을 복용해야 하는 얘기와 관련해 한 출연진은 "수술까지 했는데 약 복용이라니 얼마나 불행하냐"라고 말하기도 했는데, 이때 제작진은 화면에 '웃겨' 'ㅋㅋ' 등 자막을 달기까지 했어. 결국 시청자들의 비판이 폭주하자 제작진은 누리집에 사과문을 올렸어.

"웃을 땐 몰랐는데 나중에 생각해 보니 좀 그러네요!"

질병을 웃음의 소재로 활용하는 것의 문제를 알아차린 이들은 이런 반응을 보이곤 해. 게임에서, 예능 프로그램에서, 유행처럼 다수가 쓰니 몰랐을 수 있지. 이제부터라도 우리가 웃자고 쓴 표현에 누군가의 아픔, 상처가 아무렇지 않게 이용되고 있는 건 아닌지 유심히 살펴보면 좋겠어.

피해자가 ○○○○○이 없네

오늘 재판 어떠셨나요?

찰칵

찰칵

뭐, 할 수 있는 얘기들은 다 했고요. 재판부의 현명한 판단을 기다립니다.

찰칵

찰칵

아휴, 저 피해자분, 얼마나 힘들까? 재판 결과 제대로 나와야 할 텐데.

근데 피해자가 옷도 참 화려하게 입었네. 저렇게 꾸밀 정신이 있나.

피해자면 피해자답게?

성범죄 피해자가 변호인과 함께 법원에서 나오며 기자들을 마주한 장면이야. 많은 이들이 이 뉴스를 보고 "응원합니다." "힘내세요!" 등 피해자를 위로하고, 응원했어. 반면, 피해자의 행동이나 옷차림 등에 대해 "저래도 되냐?"는 의문을 던지는 이들도 있었어. 만화 속 엄마처럼 말이지.

"피해자가 옷도 참 화려하게 입었네. 저렇게 꾸밀 정신이 있나."

이 말을 잘 들여다보면 "너 피해자 맞아?"라고 말하는 걸로 들리기도 하지. 엄마의 머릿속엔 피해자에 대한 고정관념이 있어 보여. 모름지기 피해자라면, 피해자답게 어떤 모습이어야 한다는 고정관념 말이지.

이처럼 '피해자라면, 마땅히 이러해야 한다'는 식의 편견, 고정관념을 두고, '피해자다움'이라고 해. 특히 성범죄 사건에서 피해자에게 피해자다움을 강요하는 경우가 많아. "피해자가 왜 그런 짧은 치마를 입고 다니죠?" "피해자라면서 왜 피해 직후 바로 대처하지 못했죠?" "피해자면서 어떻게 다음 날 직장에 지각도 안 하고 출근을 했죠?" 하는 이런 질문들이 피해자 다움을 강요하는 질문에 속하지.

특정한 사람들에게 일어난다는 편견

자, 위 질문에 따라 피해자란 어떤 사람일지 정의해 볼까? 이 질문에 따르면 피해자는 '짧은 치마를 입고 다녀선 안 되며, 그 어떤 상황이어도 피해를 본 직후 신고를 해야 하고, 직장에 제대로 출근도 못 해야 하는 사람'이어야 할 거야. 그런데 피해자를 '어떠어떠한 행동을 해야 하는 사람'으로 규정하는 것이 과연 적절할까? 질문의 의도대로라면 성범죄 사건은 특정한 사람들에게만 일어나는 일처럼 느껴지기도 해. 하지만 성범죄 사건은 특정한 사람이 아니라 누구에게나 일어날 수 있는 일이야.

게다가 위 질문들에선 "너 피해자 아니지?"라고 피해자를 의심하는 듯한 시선이 읽히기도 해. "바로 신고도 안 했잖아! 돌아서서 생각하니 괜히 억울해서 그런 거 아냐?" "짧은 치마를 입고 다니니 그런 일을 겪는 거지! 네 탓도 없진 않아." "옷차림이랑 행동하는 거 보니 네가 먼저 꼬리친 거 아냐?" "그렇게 고통스러웠다면서 일상생활이 가능하다고?" 이런 식으로 말이지. 이렇게 '피해자라면 이렇게 행동할 것이다'라는 피해자다움에 대한 강요는 성폭력 피해자들로 하여금 피해 사실을 세상에 알리기 어렵게 만들기도 해.

상황에 따라 피해자는 곧장 신고하지 못할 수도 있어. 또한, 짧은 치마를 입은 피해자 때문에 성범죄가 일어난 거라는 생각에도 문제가 있지. 짧은 치마를 입은 것이 "저는 성범죄 피해자가 되어도 된다"라는 의미는 아니잖아. 잘못은 가해자에게 있는데 이런 식으로 피해자에게 책임을 덮어씌우는 것은 매우 심각한 문제가 있지.

한편, 성범죄 피해자라고 직장 및 학교생활 등 일상생활을 다 내려놔야 한다는 법은 어디에도 없어. 일상생활을 제대로 누렸다면 피해자가 아니고, 제대로 못 누렸다면 피해자라고 할 수 있는 근거는 대체 어디 있는 걸까?

피해자가 일상으로 돌아가기 위해서는

'피해자다움'과 관련한 용어 중 '성적 수치심'이라는 표현도 있어. 그간 우리나라 성범죄 사건 수사 과정에서 피해자들에게는 이런 질문을 꼭 던졌다고 해. 바로 "성적 수치심을 느꼈나요?"라는 말이야. 여기서 '수치심'은 '부끄러움을 느끼는 마음'을 뜻하지. 그런데 왜 피해자가 부끄러움이란 감정을 느껴야 하는 걸까? 대체 왜 그래야 하지? 이런 의문이 반복적으로 제기되면서 지난 2022년 법무부 디지털 성범죄 등 전문위원회는 성폭력처벌법 등 법령에 남아 있는 성적 수치심 등 부적절한 용어를 개정하라고 법무부에 권고하기도 했어. 위원회는 "성적 수치심은 성범죄 피해자가 경험하는 공포·분노·죄책감·무기력·수치심 등 다양하고 복합적인 감정을 소외하고 피해자다움을 강요하는 성차별적 용어"라는 사실을 명백히 했지.

피해자다움과 관련된 표현은 요즘 성범죄 사건뿐 아니라 다른 사건에서도 종종 등장하곤 해. 세월호 참사로 아이들을 잃은 부모들에게 "유가족이 밥도 먹네?" "어? 웃네?" "화장하고 나올 정신은 있나 봐" 하는 이런 말도 "피해자(부모)라면 일상을 멈춘 채 죽은 듯이 슬픔과 두려움에 잠겨 살아가야 한다"라는 말도 안 되는 편견에서부터 나온 표현이라 볼 수 있지.

중요한 건 한 사회가 피해자에게 피해자다움을 강요할 때 피해자는 일상으로 돌아가는 데 어려움을 겪을 수밖에 없다는 거야. 그런 점에서 우리도 모르는 새 마음속에 자리 잡은 '피해자는 이래야 해, 저래야 해' 하는 생각들이 얼마나 폭력적인지를 진지하게 성찰해 보면 좋겠어.

어휴, 저 ○○○들, 이제 돈 달라고 떼쓰겠네!

'○○ 화재' 유족 찾아간 ○○○의원이 머리 숙여 사죄

○○일 ○○화재 희생자 유가족을 만난 ○○○의원은 머리 숙여 사과하고 있다.
사진=○○뉴스

댓글04 | 최신순 공감순 답글순 과거순

● 돈 줄 인간 왔네. 왔어   답글

● 아... 삼가 고인의 명복을 빕니다.   답글

● 유족분들 얼마나 마음이 힘드실까...
심심한 위로를 전합니다.   답글

● 어휴. 저 유족충들. 이제 돈 달라고 떼쓰겠군.   답글

사회적 참사를 둘러싼 오해와 조롱

어느 날 큰 공장에서 화재가 발생했고, 이곳에서 일하던 노동자들이 다치거나 사망하는 일이 일어났어. "아……. 왜 이런 참사가 자꾸 반복될까요. 너무 안타깝습니다. 삼가 고인의 명복을 빕니다." "너무 안타깝고 슬픕니다." 하고 많은 이들이 이소식을 접하며 안타까움을 표했어.

이런 사건을 두고 '참사'라고 부르곤 해. 참사란 비참하고 끔찍한 일을 뜻하지. 일반적으로, 큰 사고나 재난 등으로 발생한 비극적인 사건을 가리킬 때 참사라는 표현을 써. 2014년에 일어난 세월호 참사, 2022년에 일어난 10.29 참사 등이 이런 경우에 속할 거야.

만약 여러분이 참사로 인해 다치거나 사망한 이의 가족을 만난다면 뭐라고 말할 것 같아? 아마도 대다수가 "심심한 위로를 전합니다." "얼마나 마음이 힘드실까요." 등 공감과 위로의 말을 건넸을 거야. 왜 이런 당연한 얘길 하느냐고?

언젠가부터 우리 사회에는 당연히 공감, 위로, 애도가 있어야 하는 상황에서 피해자나 유족들에게 조롱과 혐오를 하는 사람들이 등장했거든. 만화 속 댓글 중에서도 이런 혐오 표현이 보이지? 정부 관계자와 유족이 만난 걸 보고 "돈 줄 인간

왔네, 왔어." "유족충들. 이제 돈 달라고 떼쓰겠군." 이렇게 말하는 경우가 그에 속하겠지.

실제로 세월호 참사로 가족을 잃은 이들을 향해 '유족충'이라는 혐오 표현을 아무렇지 않게 내뱉은 이들이 있었어. 10.29 참사 때도 유가족협의회 등이 차린 분향소 인근에서 시민들의 도 넘은 막말이 이어졌어. 추모를 하는 유족을 향해 "시체 팔이!" "너희 집 앞에 가서 해라." 등 입에 담지 못할 말을 한 이들도 있었지. 어떤 유족은 이런 막말에 오열하다 호흡 곤란으로 쓰러져 구급차에 실려 가기도 했어. 이뿐이 아니었어. 한 정치인은 온라인에 "자식 팔아 한몫" 등의 막말을 올려 공분을 샀어. 그는 유족을 모욕한 혐의로 기소됐지. 징역 3개월 선고 유예가 내려졌고, 솜방망이 처벌이라는 논란이 일기도 했어.

사실 이런 참사의 대다수는 사회 구조, 시스템 때문에 일어나는 경우가 많아. "사전에 안전 관리를 제대로 했더라면……." "예방할 수 있었던 인재" 등 참사 관련 기사에 이런 표현들이 종종 나오는 이유가 여기 있지. 세월호 참사 등 사회적 참사의 피해자가 됐다면 사회의 지원과 위로를 받는 것이 마땅한데 요즘 사회 분위기는 유족들을 '죽은 가족 덕분에 돈 벌게 된 사람' '우리가 낸 세금 축내는 사람' 등으로 여기는 극도의 혐오가 퍼져 있는 것 같아.

피해자나 유족에 대한 혐오 표현은 주로 온라인에서 등장하고 있어. 이름, 얼굴, 즉 신상이 드러나지 않는 익명의 공간이니 조롱과 혐오쯤이야 별거 아니라고 생각하는 걸까?

사실 듣는 이 입장에서 보면 이런 혐오 표현은 가슴에 비수가 되어 꽂힐 수밖에 없을 거야. 잘 생각해 봐. 가족을 잃은 것만으로도 고통스러울 텐데 세상을 떠난 가족을 마치 돈벌이 수단으로 여긴다는 소리를 듣는다면 얼마나 억울하겠어.

언론은 책임에서 자유로울까?

이런 일들은 반복적으로 일어나고 있어. 2024년 12월 우리나라 한 국제공항에서 발생한 항공기 추락 사고로 많은 이들이 함께 눈물을 흘리고 깊이 애도하는 마음을 품었을 때도 온라인에선 유족과 희생자에 대한 근거 없는 비방을 한 이들이 있었어. 한 누리꾼은 '유가족들만 횡재네요.'라는 제목으로 "놀러 갔다 ✕✕ 새끼들 왜 추모하냐, 기장이 영웅 놀이 하다 그랬다."라는 내용의 글을 올렸다고 해. 이에 경찰은 이런 악성 글에 대한 수사를 진행하겠다고 했어.

이런 사건을 보도할 때 언론의 표현 방법에 문제가 없는지도 유심히 들여다볼 필요가 있어. 기사의 내용은 "참사 희생자와 유족을 향한 도 넘는 비방 글이 온라인에 올라오고 있고, 경찰이 수사에 나섰다."는 것인데 몇몇 언론이 "보상금 횡재, 속으론 싱글벙글" "놀러 갔다 와 놓고" "기장이 영웅 놀이" 등 희생자와 유가족을 향한 모욕적인 표현을 큰따옴표 처리하여 제목에 인용했거든.

경찰이 희생자와 유가족을 모욕하는 글에 대해 수사를 시작했다는 얘기인데 수사의 이유가 됐던 표현을 군이 제목에 쓸 필요가 있을까? 언론 측에서 제목을 작성할 때 더 신중했다면 어땠을까 하는 아쉬움이 많이 들지? 피해자 이름이 붙은 사건명처럼 문제가 될 만한 표현을 따옴표 처리해 강조함으로써 희생자와 유가족에게 2차 피해를 줄 수도 있으니까.

같은 사안을 다뤘지만, 문제가 된 표현을 직접 인용하지 않은 경우도 있었어. 몇몇 언론사들은 "위로는 못할 망정" "익명을 방패 삼아" 등의 표현을 제목에 붙였어. 익명성 뒤에 숨어 희생자와 유족에게 제2의 가해를 일삼는 악플러들의 비열한 행동을 비판하고, 이들의 행동이 유가족에게 얼마나 큰 고통을 주는지를 생각해 보게 하는 제목이었지.

공감과 위로가 필요한 때

최근엔 온·오프라인 공간을 막론하고 피해자와 유족을 향한 혐오가 빈번하게 일어나고 있어. 2024년 서울에서 자동차 역주행 사고가 일어나 9명이 사망하는 사건이 일어났을 때 추모 현장에는 정말 끔찍한 쪽지가 하나 붙어 있었어. "××××가 되어 버린 희생자 분들의 명복을 빕니다"라는 누가 봐도 이번 사건 희생자들의 죽음을 비웃는 듯한 패륜적인 표현이 적혀 있었지. 하지만 이 쪽지를 쓴 사람처럼 아무렇지 않게 혐오와 조롱의 표현을 퍼붓는 이가 있는가 하면, 그 반대로 마치 내 가족의 일인 것처럼 진심으로 마음 아파하는 시민들도 많이 있었어. 쪽지를 본 시민들은 "뉴스에서 '자동차'란 단어만 들어도 희생자들 생각이 나서 눈물이 나는 판국에 어쩜 이렇게 타인의 고통을 함부로 여길 수 있을까?" "공감 능력이 없어도 이렇게 없을 수 있을까? 분노가 치민다." 하고 비판했어. 결국 이 쪽지에 대한 사람들의 비판이 쇄도하자 쪽지를 쓴 이는 경찰에 자수를 했다고 해.

참사 희생자 또는 유족을 향한 혐오 표현이 나올 때마다 '인면수심(人面獸心)'이라는 제목으로 기사가 나오기도 해. 인면수심이란, 사람의 얼굴을 하고 있으나 마음은 짐승과 같다는 뜻으로, 마음이나 행동이 몹시 흉악함을 이르는 말이야. 그런데 어떤 이들은 이 말에 대해 "왜 여기에 동물을 갖다 붙입니까? 동물들도 최소한의 공감은 할 줄 알거든요!" 하고 꼬집기도 해. 사람이라면 응당 가져야 할 최소한의 공감, 위로, 애도의 마음을 갖지 못한 이들을 향한 비판이 담겨 있는 말이겠지.

2차 피해가 될 수 있는 표현들

파박!

성범죄 사건 뉴스를 보면 '2차 피해'라 할 만큼 상처를 주는 표현들이 많이 나오곤 해. 어떤 표현들이 있는지 살펴보자.

몰래카메라 또는 몰카

⇨ 당사자의 동의 없이 당사자의 신체나 사적인 장면을 촬영하는 행위를 뜻하는 말. 이는 분명 범죄에 해당하는데 '몰래'라는 표현이 붙으면서 사건을 가벼운 것으로 축소하는 역할을 해 왔지. 2017년부터 정부는 해당 표현을 바꿔 사용하기로 했어. '몰래카메라'가 아닌, '불법 촬영'으로 말이지.

○○녀

⇨ 성범죄 사건 피해자 앞에 '○○녀' 같은 수식어를 붙이는 기사도 많아. 이런 표현들은 굳이 주목하지 않아도 될 피해자에게 과도하게 주목하게 하고, 2차 피해를 유발하기도 하지. 또한, 사건의 본질보다는 다른 데로 시선을 돌리게 하는 등 사건의 무게를 가볍게 만들어 버려.

배제, 차별, 낙인 없이 누구나 존중받는 삶을 살기를

나이, 장애, 인종, 경제적 상황, 지역, 학력, 학벌, 직업, 성별을 비롯해 각종 사건 사고, 사회적 참사, 질병…… 다양한 범주에서 조롱, 비하, 편견, 고정관념, 차별, 혐오의 의미가 담긴 표현을 발견하고, 그 맥락을 살펴보니 어땠어?

사실 이 책을 쓰는 동안 나는 아주 예민해졌어. 흔히 '예민하다.'라고 하면 부정적인 느낌이 있지만, 그 사전적 의미를 보면 꼭 그렇지만은 않아. '뭔가를 느끼는 능력이나 분석하고 판단하는 능력이 빠르고 뛰어나다.' '자극에 대한 반응이나 감각이 지나치게 날카롭다.' 등의 뜻이거든. 언어에 대한 예민함이 발동되어 내 머릿속은 이런 질문들로 가득 찼어.

'내가 오늘 쓴 말은 괜찮은가?'

덕분에 이 세상, 이 세상에 함께 사는 사람들 그리고 그들을 바라보는 내 생각과 태도를 자세히 살펴보게 된 것 같아.

이 여정을 함께 한 여러분과 풀어 보고 싶은 퀴즈도 준비했어. 아래 두 사람의 이야기를 만나 볼까?

코로나19로 인해 장기간 재택근무를 했던 직장인 김 아무개 씨는 오랜만에 회사에 출근했다가 이런 소리를 들었어. 한 동료가 김 씨를 아래위로 훑어보며 이런 말을 했다고 해.

"집에서 먹기만 한 거 아냐? '확찐자'가 됐네!"

패럴림픽에서 우승한 강 아무개 씨는 뉴스 보도 탓에 마음이 불편했어. 이런 내용의 보도였거든.

"장애를 극복하고 우승한 우리 선수. 정말 장해요!"

두 사람이 불편했던 이유는 뭘까? 함께 생각  해 보자.

'확찐자'라는 표현. 어때 보여? 이는 어떤 병에 걸렸음을 확실하게 진단받은 사람을 뜻하는 '확진자'라는 말을 변형해 만든 표현이지. 코로나19로 인해 외부 활동이 줄어 체중이 급격히 늘어난 사람을 뜻해. 일상에서 많이 봐 온 표현이라 낯설게 보기가 어려울 수 있지만, 김 씨를 아래위로 훑어보는 동료의 행동 그리고 그의 표현에는 상대의 살찐 몸을 평가하고, 비웃는 듯한 뉘앙스가 느껴지지. 게다가 코로나19에 감염되어 힘들어하는 이들이 있는 상황에서 이런 표현을 쓰는 것이 적절했을까? 많은 이들이 코로나19에 확진됐다 완치된 경험이 있지만 누군가는 이로 인해 사망하기도 했어. 이렇게 장난치듯 가볍게 말을 만들 일은 아니지 싶어.

패럴림픽에서 우승한 선수는 뉴스 멘트가 왜 불편했을까? '장애를 극복하고'라는 표현에 주목해 보자. 장애인에게 장애

는 극복하거나 뛰어넘을 대상이 아니야. 만약 이렇게 표현한다면, 장애는 일시적인 시련처럼 이겨 내거나 헤쳐 나갈 수 있는 것이 되지. 나아가 장애인을 '그 시련을 이겨 내야 하는 사람'으로 보는 선입견도 생길 수 있어.

"그 말, 나도 썼는데……. 많이 쓰는 말인데……."

이렇게 반응하는 이들도 있을지 몰라. 그럴 수 있어. 여러분이 이런 표현들을 일부러 썼다고 생각하고 싶진 않아. 남들도 많이 쓰니까, 깊게 생각하지 않고 무심코 쓰게 됐을 거야.

해외에선 이렇게 일상생활에서 벌어지는 미묘한 차별을 '마이크로어그레션(microaggression)'이라 부르고 있어. 이는 '아주 작은(micro)'과 '공격(aggression)'의 합성어로, 미세하

지만 공격성을 띤 차별 언어나 행동을 뜻해. 우리말로는 '먼지 차별'이라고 표현할 수 있지. 먼지 입자처럼 잘 보이지 않게 여기저기 흩어져 있지만, 유해한 말과 행동을 뜻해.

먼지를 제때 청소하지 않고 그냥 두면 이는 어느새 큰 먼지 덩어리가 되지. 우리가 쓰는 말, 하는 행동도 마찬가지일 거야. 무심코, 웃자고, 재미있으니까, 남들도 그러니까 쓴 말과 한 행동들에 누군가 한 사람이라도 웃을 수 없다면, 불편해한다면 문제 의식을 가져 보는 태도가 필요해. 먼지 입자가 덩어리로 커질 수 있듯 그 말과 행동이 씨앗이 되어 누군가를 소외시키고, 낙인을 찍고, 그에게 상처를 입힐 수도 있거든. 언어에 담긴 생각들이 결국에는 사회 불평등, 차별, 혐오 현상으로 이어질 수 있다는 의미야.

이 책을 보면서 길러 낸 예민한 감각으로 오늘 하루 우리가 뿌린 먼지 차별 입자는 없는지 살펴보면 어떨까? 누구도 배제, 차별, 낙인으로 아파하지 않고, 모두 존중받는 삶을 살기를 진심으로 바라며.

2025년 가을

김청연

차례 페이지에 숨어 있던 차별어들은 다음과 같아.

1장

(급)(식)(충) / (다)(문)(화) / (틀)(딱) / (딸)(배) / (어)(이), (아)(가)(씨)

2장

(결)(손) (가)(정) / (벙)(어)(리)(장)(갑) / (흑)(형) / (절)(름)(발)(이)

3장

(사)(내)(놈) / (여)(자) / (금)(메)(달)(감) /
(김)(여)(사), (솥)(뚜)(껑) / (막)(내)

4장

(임)(거) / (지)(잡)(대) / (촌)(뜨)(기) /
(멍)(청)(도), (과)(메)(기) / (지)(방)(대)

5장

(ㅇ)(ㅇ)(이) (사)(건) / (발)(암)(캐) / (피)(해)(자)(다)(움) /
(유)(족)(충)

책을 읽으면서
이미 잘 찾아냈으리라 생각해.

이것 말고도 차별어가 하나둘 귀에
들리고, 눈에 보이기 시작한다고?
그래, 일상에 숨은 차별어 찾기를
계속해 보자!